Sin ejército

Edición por **La Revista CR**, medio digital de comunicación
San José, Costa Rica, Enero del 2021

Consejo Editorial:

- Vladimir de la Cruz de Lemos
- Ronald Fernández Pinto
- Eugenio Herrera Balharry

https://www.larevista.cr
Info@larevista.cr

Tabla de contenido

PRESENTACIÓN

Eugenio Herrera Balharry

"Los pueblos alzados en armas jamás alcanzarán la prosperidad".

Nelson Mandela.

A partir del año 2020, por reforma de la Ley 9803 y el Código de Trabajo se declarar el 1° de diciembre como el "Día de la Abolición del Ejército", lo cual consolida un hito histórico que ha marcado la diferencia entre Costa Rica y otros países del mundo.

La ley aprobada por la Asamblea Legislativa y sancionada por el Presidente Carlos Alvarado, consta de tres artículos:

Artículo 1. Declara el 1º de diciembre de cada año como Día de la Abolición del Ejército.

Artículo 2. Establece mediante una reforma al Código de Trabajo, que sea un feriado de pago no obligatorio y elimina esta condición para el 12 de octubre.

Artículo 3. Instruye al Poder Ejecutivo organizar actos oficiales para celebrar dicha efeméride en todo el país.

La Revista no puede pasar por alto este acontecimiento y ha invitado a sus colaboradores a expresar sus ideas acerca de los hechos y personajes que llevaron a cabo la abolición del ejército.

Hoy ofrecemos a ustedes una amplia selección de 28 artículos de quienes generosamente decidieron compartir sus ideas a través de este medio de comunicación, con nuestra amplia audiencia.

Autores:

Alonso Cunha Chavarría, Ana Victoria Badilla Villanueva, Bernal Arias Ramírez, Carlos Araya Guillén, Carlos Manuel Echeverría Esquivel, César Zúñiga Ramírez, Daniel Baldizón-Chaverri, Eduardo Carrillo Vargas, Francisco Flores Zúñiga, Guillermo

Villalobos Solé, Gustavo Arroyo, Hámer Salazar Rodríguez, Héctor Blanco González, Inés Revuelta Sánchez, Jennifer Méndez, Jorge J. Porras, Lilliana Sánchez Bolaños, Luis París Chaverri, Luko Hilje, Macarena Barahona Riera, Marinela Córdoba Zamora, Miguel Ángel Sobrado, Óscar Aguilar Bulgarelli, Óscar Arias Sánchez, Ricardo Carballo Villalobos, Rodrigo Madrigal Montealegre, Vladimir de la Cruz y Walter Gutiérrez Picado

Nuestro agradecimiento a quienes contribuyen diariamente con sus valiosos artículos para hacer posible la existencia de La Revista CR, así como también colaboraron e hicieron posible la edición de esta publicación, en un esfuerzo por divulgar ideas y opiniones en la mayor de las libertades de expresión.

San José, Costa Rica, Febrero del 2021

PRÓLOGO

La paz como construcción cultural

Jacques Sagot

"Sin ejército" se intitula la publicación de La Revista, que hace justo homenaje a la decisión tomada en el siglo pasado para eliminar el ejército de nuestra sociedad, heredándonos un escenario de paz.

La paz es un ave de difícil domesticación. Rara, rarísima especie, además. Se caracteriza por elegir únicamente las copas de los árboles más altos y frondosos para hacer su nido. Pues bien, la paz nos ha elegido para anidar permanentemente. Para el costarricense, la paz es un valor absoluto, innegociable. La hemos alimentado, irrigado, la pastoreamos diariamente.

Contrariamente a lo que algunos piensan, no nos fue regalada. La elegimos libremente como modo de vida, muchos costarricenses tuvieron que sacrificarse por ella, y es con celo y devoción que la custodiamos. La paz es, al día de hoy, nuestro principal producto de exportación. El rasgo definitorio de nuestra identidad. Es un modo de vida, una manera de concebir la convivencia. Costa Rica es un nombre alternativo para la paz. No se puede evocar a una sin evocar a la otra. El mundo lo sabe, y nos respeta por ello. Mucho más de lo que suponemos. Decir "Costa Rica", hoy, en cualquier lugar del mundo, equivale a decir "paz", "tolerancia", "respeto", "libertad".

Los costarricenses somos severos con nosotros mismos. Buena cosa, pues la autocrítica es una herramienta fundamental del progreso. Pero puedo garantizárselos: el mundo tiene de nosotros una percepción infinitamente mejor de lo que sospechamos. Y no estamos estafando al mundo, no somos una mentira: Costa Rica es un país en el que las armas, les ejércitos, las degollinas, las masacres son fenómenos que sólo conocemos por el cine, tal cual nos las muestran las viejas películas de guerra con las que todos crecimos. Cosas de John Wayne: nada podría ser tan ajeno a nuestra idiosincrasia. El nuestro es un país de surcos labrantíos, no de fosas comunes.

Nuestros niños son vírgenes de los horrores de la guerra, y nuestra juventud no es llamada a inmolarse en esa enorme absurdidad que son los campos de batalla. Hemos decidido fundar escuelas, templos, orquestas, compañías de danza, teatro y ópera, ahí donde el resto del mundo -aun países que viven en la miseria- invierten en máquinas de la destrucción. Le dijimos "No" a las trincheras, y le dimos un rotundo "Sí" a todo aquello que haga vibrar al unísono los corazones. Cuando las personas se separan, comienzan a dispararse las unas a las otras, cuando se unen, fundan una orquesta sinfónica.

Sólo en las tierras que la paz irriga florecerán los más entrañables de nuestros sueños. Ese jardín que hemos construido conjuntamente sería inconcebible en un país donde las armas hablasen por los seres humanos. Es que las armas no hablan: rugen, gruñen, hieren a puñaladas la carne del silencio. ¿Cuántos de nosotros hemos, a lo largo de nuestras vidas, oído el estallido de una granada de mano, el atroz monólogo de una ametralladora? Las hay, hoy en día, que pueden matar trescientas personas en un minuto. Sofisticadísimos instrumentos de aniquilación. Es un estrépito escalofriante el que producen, algo inimaginable para quien no lo haya vivido. El canto de la muerte, su himno triunfal. Pues bien, es con orgullo y satisfacción infinitos, que podemos hoy decir: ese fragor de muerte nos es completamente desconocido. No queremos saber de él.

Elegimos no coquetear con la muerte. Y ella, que sabe donde no es querida, se ha mantenido a distancia de nosotros. La rechazamos, la desairamos. "A tus oscuras acechanzas preferiremos siempre la vida" -le dijimos, y le diremos siempre-. Y optamos por el diálogo, por la negociación, por eso que hoy en día creemos desprestigiado, pero es la única forma civilizada y aceptable de hacer la guerra: la política. No nos engañemos: la política es pugna, es combate ideológico, es lucha por el poder, pero lo es de manera supremamente civilizada. Como el deporte: claro que hay competencia, claro que hay agresividad, claro que los futbolistas quieren anotar goles y eliminar a sus rivales, pero entre eso y tirarnos obuses a la cabeza, hay una inmensa diferencia. La política es, como el deporte, una guerra civilizada, si me permiten esta aparente contradicción en los términos.

No es concebible ni deseable, un ser humano enteramente desprovisto de violencia. Sería una criatura desnaturalizada, amorfa, y privada de mecanismos de sobrevivencia -esos que deben activarse automáticamente cuando somos agredidos-. Lo que sí podemos hacer -lo hemos probado- es elaborar esa violencia: transformarla, sublimarla, canalizarla para que se manifieste de manera productiva. Así pues, en lugar de llenar nuestras fronteras de misiles, preferimos esa guerra sensata que es la argumentación, la discusión, el debate, en suma, la palabra.

Hay un "estilo" específicamente costarricense de resolver los conflictos, un "estilo" que es sólo nuestro, y que el mundo mira admirativo. Vivir "a la tica", es vivir con la paz ahí dentro, muy dentro del alma, donde sólo guardamos las cosas que son para nosotros absolutamente sagradas. Respirar, comer, beber paz constantemente: esa es la dieta que hemos elegido, y la que nos ha llevado a gozar de la salud cívica de que disfrutamos hoy en día.

Lo digo desde el fondo del corazón: ¿sabemos realmente lo privilegiados que somos? El mundo es, al día de hoy, un enorme campo de batalla sembrado de cadáveres. Quienes lo han recorrido -más allá de las fachadas de exportación, de las tarjetitas postales, de los sitios turísticos que siempre nos venden- saben que así son las cosas, y vuelven a su país transfigurados, bendiciendo el hecho de ser costarricenses. No diré "la suerte" de ser costarricenses: esto nada tiene que ver con las estrellas. De nuevo: fue nuestra elección, una construcción colectiva, consensual y democrática, un acto de nuestra volición, no una "chiripa" histórica: ese es un mito con el que urge acabar. La expresión de todo un pueblo, no el decreto de un individuo.

Nuestra educación y nuestra cultura florecen porque hemos sido capaces de inyectarles los recursos que, en otros países del mundo, van a perderse en ejércitos, armas, servicios de inteligencia y espionaje, el engranaje de la muerte que aun las naciones más pobres del planeta se creen en la necesidad -en su caso, doblemente trágica- de poner en acción. El 1 de diciembre de

1948, hace exactamente setenta y tres años, uno de nuestros más preclaros presidentes tomó la decisión de abolir el ejército. En lugar de armarse hasta los dientes, como tantos otros dictadores de su época, ratificó esta resolución en la constitución política de 1949.

Los costarricenses de nuestra generación, los que crecimos durante la segunda mitad del siglo XX, jamás vimos un tanque de guerra, una ametralladora, un portaaviones, una ojiva nuclear… El costarricense no conoce este tipo de cacharros. Jamás se han paseado por nuestras calles. Para nosotros, son emblemas de muerte y de barbarie. No pueden siquiera circular por nuestro territorio, ni sus partes ser trasladadas sobre lugar ninguno de nuestro espacio aéreo, terrestre o marítimo.

Conocemos la historia: una inmemorial genealogía de la guerra. Ninguna guerra, jamás, solucionó realmente nada. Cada guerra promete ser la última, la "guerra de las guerras", "aquella que había de venir" -si me permiten parafrasear las palabras de Juan el Bautista, anunciando el advenimiento de Cristo-. No creemos en eso. Las guerras se imbrican unas en otras, en una siniestra sucesión, en un cortejo sin fin y sin propósito. Cada guerra no hizo sino diferir, postergar, heredar a las generaciones futuras las heridas aún supurantes de quienes vivieron los anteriores traumas históricos.

Un ejemplo entre mil posibles: la Revolución francesa engendró las

campañas napoleónicas, que en buena medida engendraron la Revolución de 1848, que engendró la Guerra Franco-prusiana de 1871, que a su vez engendró la Primera Guerra Mundial, que engendró la Segunda Guerra Mundial, que por su parte engendró la Guerra Fría, que engendró la guerra en Afganistán, que engendró la sorda, apenas contenida guerra que enfrenta hoy en día a Occidente contra el mundo musulmán… Y así seguimos, en una especie de macabro génesis, cada generación tomando el relevo del odio, estallando cíclica e inexorablemente, con periodicidad alarmante y perfectamente predecible. ¡Si la guerra hubiese sido la solución, ya no habría guerras! ¡La existencia de la guerra aún y siempre, prueba justamente su inoperancia como solución, su fracaso como gestión, su ineficacia para resolver conflicto alguno! Si la guerra fuese realmente una solución, no habríamos tenido, en

la historia de la humanidad, otra cosa que el asesinato de Abel por Caín: ahí habría finalizado todo (por lo menos para quienes suscriben a la tradición judeo-cristiana). Jamás hubo guerra justa: eso es una aporía, una antinomia, una contradicción en los términos.

Así pues, optamos por la paz. No digo "apostamos", porque la historia no es un casino. Elegimos libre y conscientemente -un adverbio conlleva el otro- la paz. Nuestros presidentes han, invariablemente, fortalecido esta vocación -en el sentido etimológico de la palabra: este llamado profundo-, pero ellos no hicieron sino oficializar un clamor popular, el más hondo sentir de nuestro pueblo. Los costarricenses nos hemos casado con la paz, y el nuestro es un vínculo absolutamente indisoluble. A lo cual surge la pregunta inevitable: ¿cómo hacemos para defendernos, en el caso de agresiones? Pues acudiendo a las instancias de derecho internacional. Amparados a los organismos que el mundo ha creado para dirimir este tipo de conflictos.

Desde que el Tigris y el Éufrates "decidieron" inventar la civilización, nos tomó siete mil años crear la ONU, el Premio Nobel de la Paz, la Declaración Universal de los Derechos Humanos, La Corte Internacional de Justicia, la Corte de la Haya. Demasiado tiempo -¿no creen ustedes?- para por fin entender que no debemos darnos de mazazos unos a otros por la cabeza. No será ciertamente Costa Rica quien haga retroceder a la humanidad al paleolítico inferior. No seremos nosotros quienes socaven una construcción que le ha tomado al mundo tantos milenios, tanto dolor, tanta sangre, tanta muerte. No, no seremos jamás nosotros quienes deshagamos una madeja hilada con miles de millones de vidas segadas.

Una vez más, y como siempre, renovamos nuestra fe en los organismos encargados de velar por la paz mundial y la convivencia armónica entre las naciones.

Costa Rica es la reafirmación de que el ser humano todavía cree en sí mismo, de que compartimos metas comunes, de que más allá de las diferencias culturales o ideológicas, estamos unidos por un fondo común. En la superficie del océano, la infinita mutación de las olas puede generarnos la impresión de que somos radical, irreductiblemente diferentes. Pero si nos sumergiésemos a diez mil metros de profundidad, ahí donde ni el viento volandero ni mil otros agentes de fricción agitan las calmas aguas, descubriríamos quizás que una fraternidad profunda nos une, serena y amalgama. Es ese fondo común en todos nosotros, el que quiero interpelar.

Hemos sabido deponer nuestras diferencias, y darnos un abrazo fraterno, sentirnos orgullosos de lo que somos, honrar la memoria y celebrar la clarividencia de quienes crearon este islote de paz en medio de un mundo que vive bajo el terror, la paranoia, y donde, a menudo, la preocupación inmediata no es sacar un título universitario o fundar una familia sino, simplemente, poder cruzar la calle sin que una bala nos robe la vida. No estamos por encima de nadie, no debemos alimentar la menor pretensión de superioridad, pero sí tener plena conciencia de la grandeza de nuestro pueblo, y de las sabias decisiones que hemos sabido tomar en el pasado. Gocemos nuestra paz, saboreémosla, vivámosla a plenitud: es una experiencia de la que nadie más, en este mundo ancho y ajeno, puede dejar mejor testimonio que nosotros.

Que Dios bendiga este país y su compromiso como nación pacífica y, además -es un punto de la mayor importancia- convencida de su misión pacificadora, conciliadora, en esa inmensa disonancia que es el mundo. Que nunca debamos la tosca herramienta en armas trocar. Es que no hay armas más poderosas que la verdad, la justicia, la libertad. He ahí el único arsenal que jamás tendremos.

Páramos sin armas

Alonso Cunha

En un país como el nuestro la guerra luce tan ajena, tan desconocida, que la cultura belicosa de otros países, incluso de países vecinos, se acaba convirtiendo en un tópico irregular. El clamoreo de pólvora y gatillos resulta tan atípico que lo consideramos algo inaudito, un invento sacado de la nada, sin embargo, persiste en todo el mundo. El sufrimiento es geopolítico, es decir, que los males que achacan a los pobladores de una región son disímiles a los de otra región.

Vemos la guerra a través de pantallas, de relatos, nunca de frente. Por eso nuestra cultura relaciona la guerra como un acto de mera deshumanización o de burdo espectáculo mediático, en cambio, otras culturas observan tanto la guerra como el ejército como uno de los símbolos de patriotismo más grandes.

El 1º de diciembre se consagra una de las decisiones que transformaría a Costa Rica como una nación distinta, de retórica y no de gritos, de diplomacia y no de amenazas, de paz y jamás de guerra. Un país que decidió invertir en su población, en su legado, que prefirió ver libros que balas. Los frutos de índole social que dejó la abolición del ejército son incalculables para una nación tan pequeña, pero valiente. La valentía no consiste en tragarse los miedos, sino en atreverse a buscar resultados de una forma distinta.

La cultura costarricense no piensa en estrategias, en ofensivas, en equipamiento o reclutamiento, sino en construir un futuro próspero para sus ciudadanos y aboga por ello a escala global, para abandonar esa burda y cruenta institución que es la guerra y construir un futuro próspero a escala global -por más kantiano que llegue a escucharse-.

Entonces, esta efeméride, ¿qué puede representar para las nuevas generaciones? Por más que la cultura pacífica sea inherente y por ende, ignorada, la abolición del ejército significa no solo la imposibilidad de cargar un rifle, disparar un arma, vestir un uniforme militar, siquiera imaginar un encuentro belicoso; representa el orgullo de ser costarricense, no por ser una nación con poderío, conquistadora, recia, indomable, sino por ser una nación que decidió proyectar un ideal sobre el mundo y construir un futuro para los y las costarricenses, para la seguridad, el bienestar y la paz.

El 1º de diciembre podrá llevar consigo distintos significados, pero el definitivo es que significa el primer acto de un país cuya valentía e ideales lo llevó a hacer las cosas diferentes y actuar en pro de la paz.

Nuestro compromiso con la paz

Ana Victoria Badilla

El primero de diciembre se celebra en Costa Rica una efeméride cuyos alcances se manifiestan en todos los aspectos de nuestra vida, así como en el reconocimiento que en el conglomerado de las naciones tiene Costa Rica. Fue el 1 de diciembre de 1948 al finalizar la guerra civil que el Presidente de la Junta Fundadora de la Segunda República, José Figueres Ferrer en un acto público en el que además de los costarricenses estuvieron representados varios países a través de sus diplomáticos acreditados en Costa Rica, estipuló la abolición de todas las fuerzas armadas en nuestro país. El simbolismo mismo de ese acto, al celebrarse en el Cuartel Bellavista, sitio cuya construcción y propósito era el ejercicio de actividades bélicas y en el que el ejército que en ese momento se abolía realizó muchas de sus actividades, pues en ese lugar se mantuvo la bodega de armas y desde ahí luchó con denuedo, las huellas de las balas son pétreos testigos que recuerdan el dolor y la tragedia que significa una guerra.

La trascendencia de este acto, en muchos casos no es valorada en su justa dimensión, pues en nuestro ideario nacional, el ejército es una figura desconocida; nunca, después de esa fecha hemos visto un soldado fuera de las películas y la verdad es que cuando, estando en otros países nos topamos con miembros del ejército, sentimos una especie de pánico. Sin embargo, el hecho de ser un país sin ejército, y el primero que lo abolió sirviendo de ejemplo para otros, hace que para muchos Costa Rica sea un destino exótico pues consideran que un país no puede existir sin tener una fuerza armada que lo respalde. Visitando en un país asiático alguien nos presentó a un amigo que ostentaba un importante puesto en el ejército y nos describió como unos amigos provenientes de Costa Rica, "un país sin ejército" la otra persona, un caballero, educado y agradable nos pidió que le explicáramos la sensación de vivir en un país "desprotegido", pues él no podía imaginarse como puede existir un país sin ejército. Él y muchos de sus coterráneos consideran que el ejército es absolutamente necesario para "defender al país" y de ahí la sorpresa del amigo militar, no sé si al final comprendió realmente que para nosotros "la paz produce paz" pues no necesitamos defendernos ni tememos ser atacados si mostramos al mundo que en nuestro territorio no tenemos ejército porque tenemos paz. Y es por esta razón que en el ámbito internacional la ausencia de milicia otorga a este pequeño país una aura de seguridad y paz, garantía de tranquilidad para quienes desean viajar a disfrutar de nuestra naturaleza.

En el entorno nacional ese acto del 1 de diciembre de 1948, tuvo un impacto económico que se muestra en progreso nacional, pues al derogarse el ejército se eliminó un gasto innecesario, lo que ha permitido que nuestro país pueda dedicar, hasta ahora, más fondos a temas tan importantes como la salud y la educación y la infraestructura. Asimismo la ausencia de fuerzas armadas, lejos de poner en peligro nuestra seguridad nacional, ha propiciado un ambiente de paz y mayor seguridad y ha dado lugar a que Costa Rica juegue un papel importante en el escenario internacional, lo que ha propiciado el establecimiento en nuestro país de organizaciones de prestigio internacional como la Universidad para la Paz, la sede de la Corte de Derechos Humanos y el Colegio del Mundo Unido.

Para las familias costarricenses, la eliminación de fuerzas armadas conlleva paz y tranquilidad a las madres, esposas e hijas de ciudadanos que en otro contexto podrían ser "víctimas" de labores bélicas, pues como es conocido, en los países en que hay ejército, el servicio militar es obligatorio para los jóvenes, que a tempranas edades son alejados de sus familias y sometidos a férreas labores a favor de la milicia. La admiración que por esta razón provoca nuestro país en otras latitudes, fue románticamente expuesta en las hermosas palabras de un visitante japonés, el señor Ryoichi Sasakawa quien en una intervención que realizara a la Universidad para la Paz, dijo en su discurso *"Dichosa la madre costarricense que sabe que su hijo al nacer jamás será soldado"*. Esta hermosa descripción de cómo se vive la paz en Costa Rica quedó esculpida en el Monumento para la paz, en la Universidad para la Paz, sitio en el que se erigió un busto en honor de quien dijo esa bella expresión. Quiera Dios que Costa Rica pueda continuar siendo un remanso de paz, ejemplo y esperanza.

La abolición del ejército como institución permanente

Bernal Arias Ramírez

El enfoque que se desarrollará en estas líneas versará acerca del valor simbólico, del significado político y social que representó el acto de proscripción, de desarme unilateral de las fuerzas armadas al final de la década de los años cuarenta del Siglo anterior, una vez finalizada la revuelta civil y tres años después del cese de la conflagración de la II Guerra Mundial. Hecho histórico que ha sido fortalecido con la Proclama de Neutralidad, emitida el 17 de noviembre de 1983 (Luis A. Monge) y con el Plan de Paz de Centroamérica (Oscar Arias) al final de la década de los ochentas. Hito histórico ingresado en el año 2017 en el Programa Memoria del mundo de la UNESCO.

Ciertamente, se celebra por primera vez este 1º de diciembre de 2020 como día feriado, fruto de la reforma al artículo 148 de la Ley N° 2, Código de Trabajo (cfr. Ley No 9803); más, sin embargo, anteriormente había sido declarado dicho día del año para su celebración, por el Decreto Ejecutivo No 17357/1986 y por la Ley No. 8115.

Fuera de esas plausibles intenciones y cristalizaciones normativas, parafraseando al eximio herediano don Uladislao Gámez Solano, ex Ministro de Educación Pública, protagonista de los actos el 1º de diciembre de 1948 en el Cuartel Bellavista, atestigua en su discurso, que una voz vibró, un fulgor de libertad fue germinado, que se ha inoculado en toda la república, como mensaje profético de civismo y amor, y que levantaría justicia social sin espadas ni cañones. Tenía don Lalo claridad y toda la razón, fue un quiebre cardinal para nuestro derrotero en el concierto de las naciones, y en nuestra fecunda vida democrática.

Las patrias libres que depositan su futuro en el Estado de Derecho no ocupan soldados ni costosos artilugios para la guerra, salvo en una situación extrema y excepcional. Dignamente desde ese día se clarificó, se amplió el horizonte, se soñó con el nervio de la prosperidad y no de armas. Se superaron las páginas del pasado, salió triunfante la educación, la salud, la cultura, y lo que venía con ello, nuevas infraestructuras y desarrollo, y el surgimiento posterior de una robusta clase media, últimamente en deterioro.

No fue de suyo una metáfora, fue un arrebato material de realidad del tres veces presidente don José Figueres Ferrer, fraguado en el acto de esa venerable fecha, constituido en un hecho simbólico supremo, que luego sería perfeccionado y juridificado en el Proyecto de Constitución y ratificado en la Asamblea Nacional Constituyente de 1949 (cfr. Acta Nº 178), apuntalado intelectualmente en el seno del debate, por otro gran ciudadano, don Fernando Lara Bustamante, quien militó en el Partido Demócrata de origen cortecista, y a quien también se le ha de reconocer autoría. Con ello se depositó en el Derecho doméstico e Internacional Público, la seguridad nacional, y la resolución y arbitraje de conflictos, como mecanismos de defensa de la paz y de los derechos de este pueblo.

Ese acto alegórico, en el terreno de la política fue, posiblemente, consecuencia del desmantelamiento del poder de código militar, y el resquemor de confiar la fuerza en la Institución Castrense, como ocurría de común en los países de la región, con Juntas Militares. Para ello, se constituyó un poder civil de restauración democrática, para lo cual era necesario desarticular el ejército nacional regular del país, que se estimaba en unos cuatro mil efectivos, pero también, la deposición de las armas de las milicias comunistas bajo el mando fundamentalmente de don Manuel Mora y don Carlos Luis Fallas, y del llamado ejército de liberación nacional, liderado por don Pepe, que triangularon los episodios de división y enfrentamiento. Estas dos últimas fuerzas irregulares en número similar de huestes, de aproximadamente mil efectivos.

También hubo factores externos que coadyuvaron a esa determinación, lo que los sectores conservadores oligárquicos visualizaron como la amenaza de la Legión Caribe, de la cual los historiadores han documentado sobremanera, y otro hecho que se lo escuché personalmente, siendo estudiante, a don Manuel Mora Valverde en un aula del primer piso del viejo edificio de la Facultad de Ciencias Sociales de la Universidad de Costa Rica, ello por invitación del profesor del curso de Introducción a la Sociología. Según don Manuel, la capitulación de don Teodoro Picado y el posterior Pacto de Ochomogo, se desencadenó en buena medida, por información que llegó al gobierno del cual eran aliados, de que estaban listas y preparadas las tropas, en sus palabras, "marines" de los Estados Unidos, apostados en la Zona del Canal de Panamá, con amenaza de invasión a Costa Rica, y lo que ello significaba. Fue así como lo expresó in situ a principio de los años ochenta.

La otra situación latente considerada por la fuerza triunfante, envuelta en el acto simbólico del Cuartel de San José, fue desactivar posibles contra-revolucionarios de entre sus propias huestes, algunos de ellos parapetados en la falsa idea que la Junta Civil de facto no cumpliera o restableciera el orden electoral, y se consolidara en el poder por la fuerza. El denominado Cardonazo, intento insurgente en abril de 1949 (en alusión a don Edgar Cardona Quirós, Ministro de Guerra y Seguridad, y otros oficiales), fue una prueba de fuego de ese pensamiento, paralelo a la recién apertura de las sesiones de la ANC.

Es decir, no fue menor ese acto en el Cuartel Bellavista, hoy Museo Nacional; todo lo contrario, vino a pacificar y desarmar las fuerzas de un escenario interno incendiado revolucionario de guerra, que había rasgado las familias, gravitando ideologías en disputa. Decisión visionaria contra toda lógica de lo que había ocurrido por siempre en América Latina, ciertamente, más de un dictador de la región adversó tal providencia, especialmente desde el norte en apoyo al posterior intento subversivo de 1955.

El proyecto de democracia oligárquica, conservadora y retardataria que operó con fraudes electorales entre sus mismas facciones tendría un fin momentáneo (se han reconfigurado). Y se dio la circunstancia que también hubo en esa coyuntura otros proyectos políticos, el acceso al poder para el proletariado en cabeza del Partido Comunista (Vanguardia Popular), proscrito y nuevamente autorizado en el sistema de partidos, o la aspiración que ya venían fraguando desde principio de los años cuarenta intelectuales escorados al socialismo democrático, representados luego en la Constituyente por el Partido Socialdemócrata y su líder don Rodrigo Facio Brenes.

El acto no fue baladí, se encaró en el marco de un contexto de inestabilidad política, crisis social y económica, ante ello se responde a la pregunta quién o qué grupo tiene la base popular y el respaldo de la opinión pública, en tales circunstancias fue la mejor elección, pues no cabe duda que las heridas y las muertes, el miedo y el agotamiento de la sociedad en 1948, percibió en el mazazo del Bellavista un grado de confianza y un signo de paz. Contagió, transversalizó los espíritus de todos los bandos, cimentó un ideario del pueblo basado en principios cívicos de convivencia pacífica, libertad, respeto y democracia.

Ese símbolo no tiene base romántica ni poética, aunque cada partícula de la almena o pedazo demolido del muro del cuartel significó alfabetización, calzado, nutrición, agua potable, maestros, médicos, trabajo decente, carreteras, neo-instituciones, y librar al país del cáncer de los uniformados sin doctrina democrática. De hecho, en nuestra opinión, la historia contemporánea juzga si hay apostasía de ese gesto, si se están cimentando nuevas murallas, nuevas desigualdades.

Como fecha, el primero de diciembre es reflexión y retrospectiva, para identificar los nuevos enemigos de la patria, no amparados en ejércitos, pero igualmente amenazan la vía costarricense: La corrupción, el narcotráfico, la negligencia, la concentración excesiva del capital, el endeudamiento de miles de personas, la precariedad laboral, el acuartelamiento de seres ambiciosos en minucias de corto plazo, entre otros factores.

Hoy se mancilla el nombre de los caídos en las gestas y campañas, con su egoísmo, con sus posturas verticales, sus deslealtades con los que menos tienen, sus tentaciones a la reconfiguración de una fuerza pública no legitimada para el ejercicio de la violencia, pese a lo dispuesto en el artículo 12 de la Constitución Política, que ha de ser civilista, formada en valores democráticos y respetuosa de la ciudadanía, como dice el numeral constitucional:

"Se proscribe el ejército como institución permanente.

Para la vigilancia y conservación del orden público, el Estado contará con las fuerzas de policía necesarias.

Sólo por convenio internacional o para la defensa nacional podrán organizarse fuerzas militares, las cuales, lo mismo que las de policía, estarán siempre sujetas al Poder Civil, y no podrán deliberar ni hacer manifestaciones o declaraciones, en forma individual ni colectiva."

Con esa cita, indicar que Costa Rica es una de las 31 pequeñas naciones que hoy día no tiene FFAA (invierte en seguridad únicamente entre un 2% y un 2,5% del presupuesto nacional y recibe asistencia de países amigos), coincide con territorios en que la renta per cápita es media o de las más altas del planeta, en donde geopolíticamente encuentran seguridad patrimonios y empresas, y la soberanía es un concepto tangible.

No tiene sentido para países pequeños gastar presupuesto en armamento, artillería, aviación, marina, recursos que se pueden invertir en escuelas, colegios, hospitales, centros de atención de adultos mayores o personas con discapacidad.

Los ejércitos profesionales del mundo son cada vez más pequeños y profesionales, basados en costosa tecnología militar. Se ocupa de satélites y herramientas en el ciberespacio para bloquear o comunicar, drones, misiles, inteligencia artificial, robótica, componentes cibernéticos de guerra 4.0. Los pequeños Estados, están muy lejos de ese tipo de industria militar, incluidos los de América Latina, mismos que no pueden seguir el paso y escala de las grandes potencias. Como lo demarcó don Luis Alberto Monge Álvarez en 1983, *"Costa Rica está contra la guerra. Los antiguos creían que la guerra era la racionalidad última de la política, pero los costarricenses creemos que la guerra es la última irracionalidad, el fracaso de toda política."*

Entonces, a lo sumo, esas instituciones militares sirven para violentar procesos internos, obstaculizar el bienestar y el cambio social, coaccionar y reprimir minorías o disidentes, desaparecer, arrestar personas, recibir privilegios. Tampoco quien escribe estas líneas obvia las amenazas al sistema democrático, al orden, la seguridad y la paz social; esas, deben ser repelidas con la suficiencia necesaria, pero en respeto de los derechos fundamentales. Somos conscientes que el país no ha dejado de sangrar, hay víctimas, ahora se presentan peligros de las mafias transnacionales, traficantes de personas, drogas y órganos, violencia callejera, y en la institucionalidad, sujetos en mandos cuyas ordenes no ponderan ni calibran.

En positivo, indiscutiblemente ese hecho simbólico fundó una nueva concepción del Estado (de Bienestar) y bases para un modelo económico desarrollista, de libertades públicas y propiedad privada, que retomó parte de la base del ideario reformista, católico y comunista, como los derechos y garantías sociales. Una nueva tipología de Estado que fue evolucionando en sus distintos énfasis o versiones, la primera, la estrategia del crecimiento del sector primario que ya existía con el Estado liberal, luego un largo período de sustitución de importaciones, y llegar a las primeras bases industriales y de Estado empresario, del cual todavía quedan algunas instituciones emblemáticas.

No obstante, en los últimos treinta años, el modelo es otro, se ha fortalecido el sistema financiero-bancario por sobre otros sectores, apertura de mercados e interacción con los mercados internacionales, concesión de obras y servicios públicos a privados, negociación de tratados de libre comercio, liberalización de precios, no intervención de mercados salvo para regular excepcionalmente desajustes, aparataje para la regulación de servicios públicos y el impulso científico y tecnológico del parque empresarial, teniendo como eje la financiación de la educación técnica y científica en los distintos niveles o grados del sistema educativo. A pesar del empuje que han dado a esos cambios, hoy se puede valorar su éxito o su fracaso, y ver si las llamadas ventajas competitivas convocaron a muchos, pareciera que las mayorías quedaron convalecientes, en el camino, pobreza y desigualdad de oportunidades. Quizá se tengan más familias postradas en este 2020 a las puertas del bicentenario de nación libre, que aquellas que fueron recuperadas con la Revuelta de 1948.

La Costa Rica desarrollada en lo económico y geográfico lo ha sido para unos cuantos, pero no para todos. El poder adquisitivo, los ingresos de las mayorías es ampliamente refractario, inconsecuente al mazo, instrumento simbólico del 48. Se han empoderado nuevamente los sectores acomodados y conservadores en un estilo de vida desprovisto de las realidades de miles de habitantes del país, y no les importa. Hoy los indicadores económicos (macro y micro) son desastrosos con disputas enconadas entre menos Estado y más mercado, y viceversa.

Tanto en aquella época, como en esta, el país tiene recursos naturales y humanos, pero si alguien piensa en salarios crecientes o redistribución de riqueza, de una vez es tachado, y si otro enfatiza la creación, el esfuerzo y la ganancia o utilidad, también es vulnerado, como si fueran pecados capitales, pero son

complementarios y no excluyentes, y eso lo entendió perfectamente el pueblo llano y la élite con la Fundación de la Segunda República.

Hay que volver a una agenda nacional, a un nuevo paradigma, que sin armas y sangre explore los factores para convertirnos en un Estado-Nación de primer mundo, en una sólida democracia participativa y representativa de un Estado Social y Democrático de Derecho. Aprovechar los ciclos y las oportunidades, aun en pandemia SARS-Cov2, que ha dado muchísimas lecciones de lo que hay y no hay que hacer.

Que prime nuevamente, además de la visión individual, la colectiva, con mecanismos reales de acceso al poder político, a la riqueza y a la felicidad, sin casta militar ni caudillos, basta que sean demócratas con conciencia civil, renovando votos de un imaginario colectivo de convivencia armónica, progreso y paz, como pilares de nuestra identidad y cultura.

Que el 1º de diciembre de cada año sirva de ideograma, de buque insignia, bandera, atributo que encarne nuestra idiosincrasia y personifique la paz duradera, la libertad y la justicia social.

No podemos dejar de citar en este breve comentario, la hermosa proclamación de don Pepe en el Cuartel Bellavista, aquel 1º de diciembre de 1948:

"El Ejército regular de Costa Rica, digno sucesor del Ejército de Liberación Nacional, entrega hoy la llave de este Cuartel a las escuelas, para que sea convertido en un centro cultural.

La Junta Fundadora de la Segunda República declara oficialmente disuelto el Ejército Nacional, por considerar suficiente para la seguridad de nuestro país la existencia de un buen cuerpo de policía.

Los hombres que ensangrentamos recientemente a un país de paz, comprendemos la gravedad que pueden asumir estas heridas en la América Latina, y la urgencia de que dejen de sangrar. No esgrimimos el puñal del asesino sino el bisturí del cirujano. Como cirujanos nos interesa ahora, más que la operación practicada, la futura salud de la Nación, que exige que esa herida cierre pronto, y que sobre ella se forme cicatriz más sana y más fuerte que el tejido original.

Somos sostenedores definidos del ideal de un nuevo mundo en América. A esa patria de Washington, Lincoln, Bolívar y Martí, queremos hoy decirle: ¡Oh, América! Otros pueblos, hijos tuyos también, te ofrendan sus grandezas. La pequeña Costa Rica desea ofrecerte siempre, como ahora, junto con su corazón, su amor a la civilidad, a la democracia."

Se advierte que hay grupos proclives a la acción violenta, la ciudadanía debe estar vigilante a que esta conquista nacional perviva, pero sobre todo, que la equidad y la justicia sean la razón que mitiga cualquier intento de afrenta.

Significado moral de la abolición del ejército

Carlos Araya Guillén

El 1 de diciembre 1948, la Junta de Gobierno presidida por don José Figueres Ferrer, en un acto simbólico, cívico y democrático, preconizó la abolición del Ejército en nuestro país.

La Asamblea Constituyente de 1949, integrada por distinguidos ciudadanos costarricense decide, con profundos sentimientos de libertad y valoración moral, elevar a rango Constitucional la eliminación del ejército nacional, revelando así su sabiduría, principios civilistas y nobleza de sus convicciones republicanas. Textualmente dice artículo 12 de la nueva Constitución Política: "Se proscribe el Ejército como institución permanente. Para la vigilancia y conservación del orden público, habrá las fuerzas de policía necesarias. Sólo por convenio continental o para la defensa nacional podrán organizarse fuerzas militares; unas y otras estarán siempre subordinadas al poder civil: no podrán deliberar, ni hacer manifestaciones o declaraciones en forma individual o colectiva".

Como se sabe existió al respecto un primer antecedente, recordado por el distinguido constitucionalista Doctor Fernando Zamora Castellanos, en su obra Militarismo y Estado Constitucional, cuando subraya la presencia de "una moción de los diputados Fernando Volio Sancho y Fernando Lara Bustamante quienes en junio de 1947 propusieron ante el Congreso de la República la abolición del ejército". A ellos, también gloria y honor.

Fue en el gobierno del Dr. Oscar Arias Sánchez cuando en uso de las facultades que le confieren los artículos 12 y 140, incisos 3), 4) y 18) de la Constitución política, y 2 de la Ley General de Administración Pública Decreta que se declara el 1 de diciembre de cada año como "Día de la "Abolición del Ejército". Decreto Ejecutivo 17357 de fecha 26 de noviembre de 1986 y vigente a partir del 24 de diciembre del mismo año.

En el mismo Decreto se insta a todos los costarricenses y a los extranjeros radicados en el país, así como a las instituciones públicas y a las privadas, a reflexionar sobre este hecho fundamental en la historia patria y a celebrarlo con la dignidad y el decoro que merece la fecha. (artículo 2)

Con las anteriores acciones el porvenir espiritual de paz y de vocación civilista, se consagró el ideario jurídico de un país sin armas, pero más importante, se afirmó la idiosincrasia pacífica del alma nacional.

Sin embargo, más allá de las leyes y los decretos la proscripción del ejército afianzó, con aprendizaje socrático, la cultura, la educación y la formación habitual subjetiva de vivir como hermanos en familia permanente con la razón y no con la irracionalidad del avasallamiento militar.

En otras palabras, la eliminación del ejército se constituye en un valor de entrañable moralidad, porque todo lo que dignifica al ser humano tiene un valor ético, en especial, la hermandad y el sosiego de la tranquilidad. En diciembre de 1949 se conjuró, por encima de divergencias ideológicas, el peligro de una dictadura militar en beneficio de la sociedad civil. Como dijo Cicerón "Cedan arma togae" (las armas cedan ante la toga/poder civil).

Como se sabe no hubo coacción física ejercida sobre los constituyentes para eliminar cuarteles, fuerzas armadas y soldados. Fue un acto voluntario positivo concebido desde la interioridad libre de su conciencia moral que implicaba decidir con responsabilidad.

Cumplieron también los constituyentes con los deberes propios de la democracia, salvaguardando los derechos naturales de los ciudadanos muchas veces usurpados, como enseña la experiencia, por dictaduras apoyadas en la fuerza de las armas opresoras.

Ahora bien, la creación de un ejército es un producto humano, resultado de las ambiciones de poder, pero de ninguna manera este hecho social le confiere a la institución castrense, en modo alguno, un carácter moral, porque el ejército represivo es uno de los rostros de la expresión natural de la agresión e irrespeto a los derechos humanos.

Los defensores de la institución militar subrayan que el ejército es el encargado de garantizar la soberanía, defender la integridad territorial, el respeto a las leyes y la independencia patria, la realidad es otra. Sin bien es cierto, la sociedad necesita orden para su existencia, ésta se encuentra en el Estado de Derecho que organiza la vida social y política del país de conformidad a la normativa jurídica existente (principio de sujeción) y nunca en la profesión militar. El Estado de Derecho respeta principios Constitucionales, Tratados Internacionales, Leyes, Decretos, Reglamentos y otras disposiciones legales.

Tampoco desde una perspectiva ética es sencillo legitimar la creación de fuerzas armadas. Las cruentas represiones contra las protestas populares y los privilegios de sus miembros son testimonios de su inmoralidad en muchos países. Verbi gratia Nicaragua.

También conviene mencionar aquí que sus millonarios presupuestos para alimentar la industria armamentista atentan contra la dignidad humana. Bien nos recuerda el Instituto Internacional de Estudios para la Paz de Estocolmo (SIPRI), por sus siglas en inglés, que el negocio de la venta de armas y servicios militares a nivel mundial ha aumentado en un 47 % en los últimos tres quinquenios

Por lo anterior, la conducta moral exige que el dinero destinado a mantener el ejército, sea invertido en el ámbito de la salud, los servicios sociales, la protección de los más necesitados, la construcción de viviendas y la educación.

Para terminar, la experiencia de las guerras fratricidas constituye un llamado a la conciencia de cuán privilegiados somos los costarricense de vivir en un país que hace 71 años proscribió el ejército. Gracias a la valentía de una Asamblea Constituyente visionaria y un histórico martillazo a los muros de piedra del Cuartel Bella Vista.

Quiera el Altísimo que el ejército de Costa rica sea siempre los maestros, los obreros, los trabajadores, los médicos, las enfermeras, los labriegos sencillos, y muchos otros costarricenses amantes de la verdad, la patria y la libertad. "lux et pax" (Luz y Paz).

Los ejércitos en Centroamérica

Carlos Manuel Echeverría Esquivel

El 1 de diciembre se conmemora en Costa Rica la abolición del ejército en Costa Rica, sobre lo que no profundizaré pues otros sin duda lo harán y con más profundidad que lo que el suscrito pudiera. Escribiré sobre la influencia del ejército en Centroamérica desde mi punto de vista como andarín regional.

La institución castrense como se le llama al ejército, ha tenido un profundo impacto en Centroamérica desde los inicios de la vida independiente. La mayor parte de los costarricenses hemos vivido sin ejército por lo que este artículo puede ser útil. Los más viejitos hemos conocido la Guardia Civil, la llamada Policía Militar y el Resguardo Fiscal, que ya no existen. Hoy existen la Fuerza Pública, la Policía Municipal y la Policía Turística. La OIJ es lo que se llama una instancia represiva, no porque reprima, sino porque actúa cuando ya el crimen se ha cometido.

Una policía civil está diseñada para hacer cumplir la ley manteniendo el orden y prestando servicios que favorezcan la seguridad integral de la comunidad a la que sirven. Por supuesto que en defensa propia o en casos extremos para mantener el orden o salvaguardar vidas, puede ser que los oficiales policiales se vean obligados a disparar para incapacitar preferentemente y matar en caso extremo. En cambio, los oficiales de los ejércitos, están adiestrados para disparar con el fin de incapacitar y matar en el momento en que se sientan acosados o como parte de una misión. Se da el caso en países centroamericanos que lidian con pandilleros o mareros como se les llama localmente, que las unidades policiales cuando están en misión en áreas conflictivas, lo hacen acompañados de unidades del ejército, quienes en apoyo a las unidades policiales, son los que disparan "a matar" si la circunstancia así lo amerita. Siempre están los oficiales de esas unidades con el "dedo en el gatillo" listos para disparar.

Más que como ejércitos nacionales, los centroamericanos fueron creados más que para salvaguardar la soberanía nacional, razón fundamental por la cual existen, casi como milicias privadas de las elites centroamericanos que detentaban el poder político y el económico. Fueron usados para defender privilegios y hasta muy recientemente para combatir insurgencias y reprimir a sectores de la población considerados no afines al status quo, favorecedor de las mencionadas elites así como las castas militares que convenientemente se creaban.

Han reclutado conscriptos a la fuerza desnaturalizando seres humanos que no quieren ser parte de las estructuras militares. En cumplimiento de su misión han sido capaces de realizar execrables crímenes, sobre lo que no ilustro porque es harto conocida la situación. Contribuyeron con la miopía y por los intereses de liderazgo visible e invisible a hacer de la integración regional cuando era posible, en algo imposible.

Los ejércitos al norte de Costa Rica eran enormes respecto a la capacidad productiva de sus países para mantenerlos y han sido capaces de demandar recursos presupuestarios desmedidos, luego de realizarse escaramuzas fronterizas con sus similares vecinos.

Existe la idea más generalizada en algunos países que en otros, de que los ejércitos juegan un papel estabilizador en las sociedades que los hace proclives a intervenir cuando perciben que la situación política interna se está deteriorando. Antes de los acuerdos de paz casi que cualquier cosa a lo interno que pareciera desestabilizante, era motivo para intervenir y en muchos casos retirar al gobernante electo sustituyéndolo por un gobierno militar o un gobierno de facto.

En los últimos años la situación ha cambiado bastante, pero las fuerzas armadas, a pesar de estar disminuidas en cuanto a número de efectivos y equipamiento, así como ser más comedidas en sus actuaciones, siguen pesando en el sistema político nacional. En el caso de Honduras donde a diferencia de Guatemala y El Salvador extrañamente el ejército goza de prestigio, ya vimos como en el llamado "zelayazo" tuvo una participación vital. A mi juicio los ejércitos tienden a presionar el sistema político en formas no acorde con la práctica democrática y como se expresó implícitamente, son capaces de desatar conflictos entre naciones hermanas que ya deberían estar desechados como forma de defender o promover posiciones.

El sui generis ejército nicaragüense es otra cosa. Al haber reemplazado de cuajo a la Guardia Nacional somocista sigue teniendo ribetes sandinistas, aunque al igual que "la guardia" con tendencias pretorianas.

Los ejércitos salen caros… muy caros. Por un lado el ser en algunos casos actores en la economía nacional, algunos inclusive con negocios propios y hasta bancos, se convierten en factores demasiado pesados y descompensantes. En ese contexto de ideas su tutela a veces no muy bien disimulada de los procesos políticos electorales y de gestión, desnaturalizan la democracia y a los actores políticos, con posibles consecuencias económicas.

Me tocó en mis tiempos de embajador en El Salvador, el que el Gobierno de Nicaragua adquiriera alrededor de 50 tanques de guerra rusos, los que podían ser utilizados descabelladamente pero podría pensarse, para invadir Costa Rica, además de para protegerse los grupos dominantes de una sublevación interna como la que ya se dio, pero no a los niveles que hubieran justificado el apostamiento de tanques en lugares estratégicos y menos su aterrorizante uso. Me fui donde el Ministro de la Defensa y jefe del ejército. Le pregunté la consecuencia de esa compra para Centroamérica y me dijo que él no veía esa compra de tanques como un problema para Costa Rica, aunque siempre había que advertir la preocupación. Pero, me dijo, si Honduras que tiene frontera terrestre común con El Salvador decide comprar armamento de ataque y no de defensa para contrarrestar el poderío nicaragüense, obligarían a su país y a Guatemala a equipararse militarmente, lo que tiene un alto costo absoluto y de oportunidad además de que genera tensiones innecesarias e inconvenientes. Se daría una escala militar lo que no conviene ni a los militares.

Los militares modernos piensan que los ejércitos son para disuadir la guerra por la vía de mantener la paridad de fuerzas, no para fomentarla. Creo hay métodos como la diplomacia y las relaciones de interdependencia económica que crean intereses positivos, son un mejor antídoto que los ejércitos, aunque estos sean de orientación pacifista.

Tienen su lado bueno. Son útiles por su capacidad de ingeniería logística, alto grado de organización y equipamiento, cuando sobreviene un desastre natural. Proveen empleo, disciplinan y forman a gente joven que luego se inserta útilmente en la sociedad civil, aunque no siempre es ese el caso.

Lo positivo que un ejército pudiera tener en un país sin estamento militar puede ser suplido en otras formas, lo que lastimosamente y pudiendo Costa Rica no hace.

Lo que he visto en Centroamérica, con el debido respeto a la situación de cada país y en el entendido de que hay algo de cierto en que por la forma en que se han desarrollado algunas sociedades el ejército juega un papel estabilizador, concluyo que algo de lo mejor que le pudo pasar a la sociedad costarricense es no tener en elemento castrense presente en su ordenamiento institucional.

Don Pepe – Utopía de una nación pacífica

César Zúñiga Ramírez

Debe reconocerse que Costa Rica es un país extraordinario por sus contrastes, paradojas e historia. Los que estudiamos Ciencias Políticas, Sociología, Historia o Relaciones Internacionales nos percatamos rápido de esta *singularidad*, pues en los libros de texto que analizan la vida política, económica y cultural latinoamericana, nuestra pequeña nación siempre aparece en el renglón de las excepciones. Algunos hechos significativos nos han puesto en el ojo del escrutinio mundial, y han generado una extraña imagen de admiración y perplejidad: ¿cómo es posible que un país latinoamericano pequeño como este tenga una política de protección ambiental tan avanzada? ¿A qué se debe que este país en vías de desarrollo invierta un porcentaje tan alto de su presupuesto nacional en educación? ¿Cómo es posible que la mayor parte del agua que consumen los costarricenses sea potable y que salga por sus grifos? ¿Cómo lograron electrificar prácticamente la totalidad del territorio nacional, con una matriz energética esencialmente limpia?

La paradoja. No nos hagamos ilusiones, ni nos creamos la gran cosa: como costarricenses somos latinoamericanos y vivimos muchas de las bondades y desgracias de la mayoría de nuestros hermanos subcontinentales. Padecemos de los mismos problemas estructurales, como el subdesarrollo, la pobreza, el hambre, la mediocridad y la corrupción, y sentimos los mismos anhelos políticos y culturales, como el desarrollo y el bienestar. En efecto, tenemos un país de *imagen verde* y logramos proteger una importante porción de nuestros bosques, pero tenemos problemas de contaminación descontrolados y mucho de nuestros ríos son basureros a cielo abierto; invertimos en *educación* lo que comparativamente hace Finlandia, pero la calidad de la nuestra apenas alcanza para lo mediocre; tenemos *agua* potable en nuestras tuberías, pero el tratamiento de las aguas residuales es más que lamentable y; *electrificamos* al país con tecnologías limpias, pero el Instituto Costarricense de Electricidad presenta indicadores cada vez más alarmantes sobre su salud financiera.

Para ponderar estas paradojas y observar los logros que hemos alcanzado con ojo crítico, es fundamental ponerse los lentes de la historia. Algo que parece particularmente inusual cuando usamos este sortilegio cognitivo, es que muchos de los logros alcanzados parecen venir de mentes brillantes que tuvieron su momento, y que marcaron el desarrollo nacional para siempre. No parece, en efecto, que se trate de un *pensamiento colectivo*, nacional, que ilumine la acción política, económica y cultural del país; en eso, seguimos siendo tan latinoamericanos como el resto de nuestros hermanos y hermanas del continente. Más bien parece que personas iluminadas se presentan en los portales de la historia, y crean instituciones y proyectos que terminan teniendo un impacto tan grande que nos beneficia a todos.

El caudillo. Entre estos espíritus iluminados, que marcaron para siempre nuestro desarrollo humano y político, debe destacarse a José Figueres Ferrer… Don Pepe. La importancia de este caudillo político no necesita ser explicada a ningún compatriota que conozca un poco la historia nacional, o incluso a muchos hermanos latinoamericanos que ven más allá de sus países: don Pepe es reconocido por todos como uno de los baluartes de Costa Rica, adentro y afuera del país.

El país ya había transitado por el tortuoso proceso de inventarse como nación independiente durante el siglo XIX, y en el último tercio de esta centuria y durante la primera mitad del siguiente siglo, Costa Rica apostó por un modelo de desarrollo liberal, basado en el monocultivo exportador del "grano de oro", el café, y la construcción de una cultura más que rural y campesina. A mediados de siglo, las limitaciones de este modelo eran obvias, pues el país no presentaba estándares de desarrollo apropiados, y la pobreza y la miseria de grandes masas de la población gritaban por profundas transformaciones sociales.

La gesta. Don Pepe tuvo la capacidad de leer las circunstancias y, como hombre resoluto y directo, no dudó en pensar en todos las opciones para que el país diera el salto disruptivo que necesitaba. Aún y si el caudillo era un demócrata, su visión de las cosas era clara: el país debía cambiar sí o sí, aunque para ello se requiera pólvora y fusil. Con una oligarquía cerrada en su inmovilismo, con un país degradado por la pobreza y el hambre, con una corrupción galopante en la administración pública, Don Pepe no lo pensó dos veces cuando, en 1948, no logró su cometido por la vía institucional y, en medio de un escándalo electoral que deslegitimaba al gobierno de turno, se alzó en armas y llamó a la revolución de *Liberación Nacional* para sacar del poder a la alianza que se había apostado allí: los calderonistas, la Iglesia Católica y los comunistas. ¡A propósito de paradojas!

Don Pepe llega al poder por la vía de los hechos, fusil en mano y con un ejército a sus espaldas. Pero a diferencia de muchos caudillos latinoamericanos, el tico asume una posición política que no deja de sorprender a propios y extraños: toma las riendas de la Junta Fundadora de la Segunda República, el gobierno de facto, para lo cual deja la boina militar y se pone la corbata, y en los 18 meses que duró su mandato sentó las bases para la transformación más radical que el país había vivido hasta entonces, solo para, terminado el plazo, llamar a una Asamblea Nacional Constituyente, entregar el poder al ganador legítimo de las elecciones de 1948 y golpear simbólicamente con un mazo la estructura militar más importante el país –hoy día el Museo Nacional- para establecer la abolición del ejército como institución permanente.

El visionario. Ni don Pepe fue un superhéroe de la historia, ni su marioneta. Fue un brillante pensador y político, que tuvo la capacidad de analizar crítica y profundamente los vectores históricos y estructurales de su país, para asumir un rol protagónico y disruptivo en su desarrollo, y con una inquebrantable visión política, cambiar para siempre el destino de sus conciudadanos. La paradoja más grande es obvia: ¿cómo es posible que el político que controlaba el gobierno con un ejército detrás de él, con el apoyo popular masivo, con la legitimidad que le daba el mismo fracaso de los grupos perdedores del conflicto, decidiera poner fin a una institución castrense que en el concierto latinoamericano, lamentablemente hasta hoy, sigue siendo base de primera importancia del "subdesarrollo" regional?

Si bien es cierto, en la Costa Rica del siglo XX los historiadores han detectado que la milicia venía perdiendo importancia frente al aparato educativo desde la fundación de la república liberal, don Pepe pudo haber hecho borrón y cuenta nueva, y pudo haber fortalecido un aparato represivo que en ese momento era la base de su poder fáctico. Pero no lo hizo. Tuvo la visión de no solo eliminar el aparato castrense de la historia nacional, sino que fomentó la creación de un órgano electoral independiente que garantizara los procesos electorales, consolidó las reformas sociales que impulsaron sus enemigos perdidosos –el Código de Trabajo de los comunistas y el sistema de seguridad social de los calderonistas-, estableció el impuesto sobre la renta, nacionalizó la banca y, en general, creó las bases para el fomento de un desarrollismo de Estado que haría que el país alcanzara muchos de los logros de los que nos enorgullecemos hoy. Y desde luego, ya en el ámbito civil, el caudillo gobernaría dos veces más el país, por la vía de gobiernos democráticos, que sus conciudadanos entregaron en sus manos durante las siguientes décadas, mediante las elecciones libres y limpias que él garantizó.

Un nombre con letras de oro. La celebración de esta efemérides, la abolición del ejército, es un justo reconocimiento a un país que estuvo dispuesto a apostarle a la utopía del pacifismo y la democracia, y a un hombre que escribió con letras de oro su nombre, para siempre, en los anales de la historia continental y mundial. Porque la existencia de la institución castrense en los países latinoamericanos ha sido una tragedia teñida de sangre y dolor que los costarricenses no conocemos. Nuestros hermanos de todo el subcontinente, desde las dictaduras del cono sur, sobre las que Pinochet es infame símbolo, hasta las más cercanas a nuestro territorio, incluido todo el istmo centroamericano, la "noche de los lápices" se replicó por aquí y por allá, y tanto en la izquierda como en la derecha, las desapariciones, torturas y asesinatos masivos de ciudadanos que los ejércitos debían defender, reclaman justicia desde las ocultas tumbas colectivas a donde fueron a parar sus cuerpos.

Desde 1949, ningún costarricense se fue a dormir con el terror fundado de que un grupo encapuchado militar irrumpiera en su casa, se llevara jóvenes, mujeres y hombres, arrancados de su mismo lecho, y los torturara y violentara de maneras indecibles, al punto que la sobrevivencia era una ruleta afortunada solo para unos pocos. Si consideramos las innumerables vidas que no se perdieron con la abolición del ejército, y que vemos la inmensa cantidad de recursos que el país trasladó de un tan oneroso como ominoso aparato castrense hacia la educación, la salud y la justicia social, podemos decir sin sobresaltos que esta gesta de don Pepe lo coloca como el político más brillante de América Latina durante el siglo XX. Las dictaduras latinoamericanas pasaron de largo por esta utopía pacifista que se llama Costa Rica, y su celebración nos recuerda que el verdadero ejército de nuestro pequeño país son sus estudiantes y profesores, escolares, colegiales y universitarios, que hoy deben valorar la gesta que don Pepe y sus correligionarios hicieron por todos nosotros. ¡Honor a quien honor merece!

Larga vida a la abolición del ejército

Daniel Baldizón-Chaverri

Las fuerzas armadas de Costa Rica, a finales del siglo 19 pasaron de tener en 1874, 15 mil efectivos a casi 50 mil hombres en armas a finales del año 1900.

Ya entre 1823 y 1870, nuestro país, "resolvió" sendos conflictos internacionales usando las vías de hecho, o sea, lo que el derecho internacional humanitario, define hoy día como "conflictos armados convencionales". Sin embargo, el proceso de debilitamiento de las fuerzas armadas costarricenses toma forma a partir de 1921, cuando el gobierno central empieza a cambiar el rumbo de los dineros públicos restando al ejército, recursos y trasladándolos a la educación y a la salubridad pública, había desde entonces, una política no escrita de fortalecer las áreas más urgentes del país, en desmérito del estamento militar castrense, eso sí, el estado -simultáneamente- procedió a destinar más fondos a las fuerzas policiales.

Ya en 1948, nuestro ejército, se encontraba sumamente débil, apenas contaban con armamento, adolecían de una adecuada organización interna; tenían serias carencias económicas y como consecuencia de lo anterior, no tenían un desarrollo efectivo de sus funciones y en suma, poca incidencia a nivel superior del gobierno. Entre marzo y abril de 1948 se desencadenó la Guerra civil, causada principalmente por la anulación de las elecciones de 1948 por parte del Congreso, el cual no reconoció el triunfo del candidato de la oposición Otilio Ulate Blanco. Esto propició la revolución que llevó al poder a José Figueres Ferrer, durante 18 meses y como presidente de la Junta Fundadora de la Segunda República, administró con sapiencia al país, Don Pepe, acompañado de un puñado de jóvenes, marcaron la senda del desarrollo del país a través de la emisión de mas de 1500 decretos que perfilaron a Costa Rica, aún, hasta nuestros días.

Figueres, al llegar al poder, se encontró con un ejército en total desorganización, sin materiales bélicos, y las escasas armas que tenían eran inservibles, por ello, decide el 1° de diciembre de 1948, disolver el ejército en un acto simbólico realizado en el Cuartel Bellavista, donde demolió de un mazazo una almena de la pared oeste del cuartel.

Hace más de 70 años de ese momento mágico, que marcó hasta, para los más escépticos, el rumbo de un país con acento marcado en educación y salud. Mucha agua ha corrido bajo el puente desde entonces y hasta ahora, algunos detractores de don Pepe, acusan a otros de la autoría de la abolición, a teorías conspirativas que Don Pepe evadió y bueno, historias tras historias que no encontraron eco en nada mas que los enemigos de siempre, hablando incoherencias sobre los prohombres de la patria. Lo que, si es cierto, es que las nuevas generaciones, por un error del modelo educativo, ya no solo no recuerdan a Don Pepe y a sus hombres, en donde por cierto había muchas mujeres combatientes también…! ,sino que de forma insólita, y como en cualquier país autocrático, manipulan los textos escolares y reescriben la historia, tratando de darle al actual partido en el gobierno, cualidades y atributos que jamás podría tener, sencillamente, porque en los momentos cruciales de la historia patria, NO EXISTÍAN…!

Craso error también, es olvidar el legado de Don Pepe, demócrata por excelencia y único General triunfador, que abolió voluntariamente su propia fuerza armada, caso inédito (sino único) en la moderna historia de los pueblos…! Pues, lo cierto es que la herencia de Don Pepe, hoy día festinada o peor aún olvidada por propios y extraños, limitando su recuerdo al canto triste de un corrido, que un día encendió pasiones y alimento esperanzas y hoy es el triste recuerdo de lo que pudo haber sido y no fue…!

Don Pepe es mucho mas grande que el partido que luego fundó, sin falsos poses y vestido de la mayor de las humildades, se preocupó siempre por los que menos tienen, filósofo y autodidacta, no dudó en asociarse con exitosos empresarios españoles radicados en Costa Rica y -así como era- ideó enlatar la olla de carne, para que la gente tuviera acceso a comidas completas y hasta una lata (olla improvisada) para calentarla. Sostuvo siempre Don Pepe que las enfermedades de los "güilas" entraban por los pies (a ese tiempo, la mayoría de los ticos, andaban descalzos) por eso, creó los zapatos "Figueres" que sobreviven al día de hoy, un tosco zapato bueno pero no cómodo ni estético, de cuero de chancho y un hule duradero en su suela y como siempre pensaba en una comida barata y nutriente, inventó la "Incaparina" un atol espeso que se podía diluir en agua o leche y que contenía todos los necesarios nutrientes para una balanceada dieta...! Huelga indicar que no fueron especialmente exitosas sus aventuras, pero -eso sí- retratan a un hombre que, por ser padre de Costa Rica, fue un padre ausente de sus hijos, que, hasta el final de sus días, le llamaron Don Pepe, no Papá.

Don Pepe, apoyo todo esfuerzo democrático en el continente, y además refugió a todo demócrata que -huyendo de su país- requería un lugar, donde guarecerse...! Ello, le ganó la animadversión de las dictaduras militares de entonces y el corazón y simpatía de grandes latinoamericanos, que luego, merced a que se acabara la larga y oscura noche de las dictaduras, florecieran las democracias, y los otrora refugiados políticos, accedieran a la primer magistratura en sus países de origen, tal vez, una de las más claras luchas, fue la de "sacar" a los Somoza de Nicaragua, así en 1979, con claro apoyo de gobierno democráticos, los sandinistas triunfaron, y es claro, notorio e histórico, que en alguna de las celebraciones del 19 de julio, Don Pepe en el uso de la palabra, empezó a regañar al hoy dictador Daniel Ortega, quién, no se atrevió a cortarle la palabra y con una sonrisa socarrona, se hizo el loco...! Suerte diferente corrió en Cuba, donde además de arrancarle el micrófono, lo invitaron a irse del país...! Por una situación muy similar a la vivida en Nicaragua...! Pero, a Don Pepe no lo callaba nadie.

Hombre de centro como era, abrazó la socialdemocracia, tesis política que defendía el estado benefactor y empresario (entre otras tesis progresistas para la época), ese modelo de desarrollo hoy agotado, sirvió para que las generaciones de costarricenses pobres, accedieran a salud, educación y vivienda digna y activaran los procesos de movilidad social, tan ausentes en países de nuestro atribulado continente...!

En suma, Don Pepe es una historia aún en construcción, le debemos todavía y pareciera que para siempre, las batalla a favor de "los que menos tienen" y la lucha eterna para construir un país de oportunidades, todas las generaciones venideras, debieran atol ser familiares de la figura señera y solidaria de José Figueres Ferrer, catalán, enamorado de Costa Rica y que es de los pocos políticos costarricenses que tuvieron el valor y la decencia de practicar lo que predicaban y que hizo de su amor a Costa Rica, una forma de vida…!

Añorando decisiones valientes: la abolición del ejército

Eduardo Carrillo Vargas

Sentimientos encontrados. La abolición del ejército, realizada en el año 1949, es un acontecimiento que orgullece a la patria, a todos los costarricenses. Surge en un período con una fuerte actitud de cambio y grandes iniciativas que nos llevaron por el camino del progreso para toda la nación. Ignoremos, por ahora, el contraste de confusión e incertidumbre frente a una crisis que los políticos de turno parecen incapaces de resolver. La década de 1940 es una década de grandes transformaciones, que empieza por las reformas del partido republicano (social cristiano) que produjo las garantías sociales, el código de trabajo, el Seguro Social y la Universidad de Costa Rica.

Luego se produce la revolución del 48, cuya causa principal fue el fraude electoral, pero cuyas consecuencias lo excedieron con creces. La guerra concluye con el pacto de Ochomogo y la política lleva pronto al acuerdo Figueres-Ulate, mediante el cual el primer político presidiría el gobierno de facto durante 18 meses (prolongable a 6 más) para luego entregarlo al segundo, quien habría ganado las elecciones de febrero 1948. Los 18 meses de gobierno de Don José Figueres adoptaría los cambios realizados por el gobierno del Dr. Calderón Guardia, pero además inició lo que se llamó la Segunda República, quizás el mayor punto de inflexión de la historia política nacional.

El ejército de la década de los 40 era muy débil y pobremente armado. En junio de 1947 los diputados Fernando Volio Sancho y Fernando Lara Bustamante propusieron su eliminación y suprimir el presupuesto para la compra de armas y mantenimiento de los cuarteles. Luego vino la guerra civil, el acuerdo de Ochomogo y el pacto Figueres-Ulate. Se suspendió la Constitución de 1871 y dejó al ejército sin base legal. Las fuerzas figueristas actuaban como ejército y así lo reconoció la Junta de Gobierno que lo mantuvo como *medida de emergencia*.

El 4 de julio varios diputados del Partido Unión Nacional (Esquivel, Trejos y Montiel) proponen suprimir el ejército. El 11 de octubre la

Junta de Gobierno traspasa el Cuartel Bella Vista a la UCR para desarrollar un museo nacional. Ya la disolución del ejercito había sido aprobada por la Asamblea Nacional Constituyente el **31 de octubre de 1949**, fecha real y oficial de la desaparición del ejército en Costa Rica. La celebración se realizó el 1 de diciembre, cuando Don Pepe golpea con un mazo las paredes de Cuartel Bella Vista para simbolizar el fin del ejército y la imposición de poder civil. El artículo 10 (hoy el 12) de la Constitución Política selló su prescripción final.

¿Cuál fue el legado de la abolición del ejército en Costa Rica? Mucho hemos ganado desde entonces y algo hemos perdido. Dado el variado carácter político que respaldó la abolición del ejército, el actual ciudadano posiblemente lamente que nuestro carácter parece haberse debilitado para tomar decisiones importantes y sobre todo para aplicarlas. Visión y carácter fue la semilla principal de los acontecimientos de la década de los 40, de los cuales podemos distinguir de nuestro contexto geográfico, los siguientes aspectos:

- Se cuenta con amplia cobertura en salud, especialmente en salud preventiva, curativa y atención prioritaria para la niñez, mujeres y adultos mayores.
- Alto nivel de escolaridad.
- La esperanza de vida es superior a los 80 años.
- Tercer lugar en América Latina en la adquisición de computadoras por habitante.
- La mayor estabilidad política de América Latina.
- Cobertura nacional en telecomunicación, agua potable, electricidad y seguridad social
- Liderazgo, según el IPC, en bienestar social de la región (compartido primero con Uruguay y luego con Chile).
- Ingreso per cápita más alto de Centro América.
- Bajos niveles relativos de pobreza.
- No podemos atribuir todo lo anterior a la abolición del ejército. Pero el país sí se liberó de los costos de mantenimiento del ejército y usar esos recursos en forma más productiva y provechosa para la población como un todo. Las diferencias con respecto a nuestros hermanos centro americanos es sustancial y notoria.
- **¿Cuáles beneficios fuimos incapaces de retener o desarrollar?** Sin duda alguna, nos libramos de la poderosa

presión de una casta de militares, generalmente muy bien pagada. y de las inversiones cuantiosas que algunos de nuestros vecinos han hecho en tanques, aviones otros equipos de guerra sofisticados, con altos costos de adquisición y mantenimiento. Sin esas presiones, el país ha tenido más libertad para movilizar sus recursos en forma más acorde con las necesidades de desarrollo nacional y con algún sentido de equidad.

- Pero hoy es francamente doloroso que la visión y carácter de nuestros antepasados se haya perdido y que ello nos tenga en "neutro", algo para atrás y nada para adelante. En lo personal me niego a aceptar la figura de la crisis fiscal, como nuestro problema 1. El Estado costarricense es rico, con recursos en exceso. El problema no es fiscal, sino institucional, un Estado carísimo (presupuesto equivalente a más del 75% del PIB), partido en dos grupos de instituciones: las del gobierno central en condiciones históricas deficitarias y las instituciones en algún régimen de autonomía, históricamente superavitarias. Además, un Estado que, además de costoso, comprende unas 330 entidades públicas en las que laboran más de 300 mil funcionarios, regulados por unos 50 distintos regímenes laborales (reglamentos de personal). Empleamos los recursos que teníamos y los que no teníamos en crear un universo inmanejable de entidades improductivas creando así un estado de ingobernabilidad permanente. Claro, somos líderes en cobertura escolar, pero cuando nos medimos en calidad con otros países que gastan menos en educación, sus resultados son superiores a los nuestros. Estas contradicciones abundan, pero una más cubre todas: tenemos un Estado que cada vez nos cuesta más y produce menos.

- Pero no se trata de replantear los problemas que ahora nos ahogan, sino de referirnos al 1 de diciembre, fecha oficial en la cual celebramos la abolición del ejército. Si los liderazgos recientes se han mostrado incapaces de enfrentar los nuevos retos y si el panorama futuro, marcado especialmente por los dos últimos gobiernos, no es razón para optimismo, si podemos decir *honor a la obra de nuestros líderes que a fines de la década de 1940 tuvieron la visión, la capacidad de entendimiento y el carácter para tomar una decisión gigantesca: la abolición del ejército. El* gasto militar conlleva un elemento de gruesa inequidad, porque en el mundo se gasta muchas veces más en armas y otros recursos bélicos, mientras millones de personas alrededor del mundo no tiene ni siquiera lo necesario para una comida diaria. Es una enorme y grotesca inversión de valores y posiblemente el peor de nuestros actos como civilización. Podemos sentirnos orgullosos que nuestro país esté libre de tal atrocidad.

- El 1 de diciembre próximo celebremos orgullosos la abolición del ejército y recordemos otras decisiones extraordinarias que distinguieron a Costa Rica. Reconozcamos la deuda enorme que el país tiene con los líderes de los años 40 que condujeron el país por el camino seguro del progreso y del bienestar. Enfrentemos la realidad actual con fortaleza y esperemos que la incertidumbre dé espacio para mejores ideas y, sobre todo, realizaciones que saquen al país del atasco en que nos han metido. Una vista al pasado algo lejano nos puede ayudar.

Un mazo destructor de tiranías

Francisco Flores Zúñiga

De la mañana del 1 de diciembre de 1948, se cuenta con una fotografía, donde el Presidente de la Junta Fundadora de la Segunda República, de un mazazo derribaba una de las almenas de los muros de un Cuartel Militar, y con el mismo golpe edificaba un museo para las escuelas de Costa Rica, hoy día la democracia más antigua en América Latina. Sobre los restos humeantes de un conflicto armado que ahondo la división entre los costarricenses durante mucho tiempo, el líder vencedor edificaba la República civilista y derribaba la vieja republica apoyada en el desgastado estamento militar decimonónico.

Era un acto que sorprendía a propios y extraños, con él, don José Figueres Ferrer, el General Victorioso, entregaba el edificio que ocupaba el Cuartel Bellavista, a las escuelas de Costa Rica, y devolvía con ello todo su significado original un inmueble que fue propiedad del Maestro Mauro Fernández, primer reformador de la educación pública en Costa Rica.

De este evento, dieron cuenta los periódicos locales, cuyas crónicas miraron con recelo el gesto de Figueres Ferrer y no menos sorprendidos estuvieron los gobiernos de la región, donde el poder de las armas permitía perpetuar ideologías extrañas y ajenas a la realidad de sus pueblos.

Lo irreversible del suceso, lo confirman las palabras de Figueres Ferrer: "Los hombres que ensangrentamos recientemente el país comprendemos la gravedad que pueden asumir estas heridas en la América Latina y la urgencia de que dejen de sangrar". Don Pepe, encontró en la abolición del Ejercito de Costa Rica, el camino cierto para construir una democracia sólida y permanente, pero también definió con certeza el destino de un pueblo urgido de un gesto profundo, valiente y civilizado que le diera sentido a sus palabras: "Las armas dan la victoria, solo las leyes dan la libertad".

Como pocos, Figueres Ferrer, un costarricense nacido en San Ramón de Alajuela, educado en un hogar de estrictos códigos cristianos, y ascendiente de inmigrantes españoles, entendió la historia que lo precedía y se apoyó en ella para marcar un nuevo rumbo a la centenaria Republica, cuyo destino democrático se jugaba tras un breve conflicto armado cuyo número de muertos para su extensión, eran demasiados.

Acostumbrado a la lectura de los filósofos ilustrados, al trabajo agrícola en las montañas del sur de San José y apoyado en su genio intuitivo, para producir cabuya, café y energía eléctrica en su Finca denominada inequívocamente "La lucha sin fin" José Figueres Ferrer, fue catalogado por el escritor y maestro herediano Luis Dobles Segreda, como: "algo extraño y único en esta América de próceres y pensadores que él añora."

Sin Ejercito, Costa Rica, ya casi estaba en 1948; sin golpes militares, ha estado desde hace 71 años, si solo eso justificará el acto de la abolición del Ejercito Nacional de Costa Rica, estaríamos satisfechos, pero no; porque este hecho histórico significa más, en especial luego de su incorporación al texto constitucional hace 72 años, dado que desde entonces el país fue otro, y los costarricenses también.

Las interrogantes que sobre la Costa Rica de aquel momento y durante los primeros diez años, se plantearon los costarricenses, no fueron fáciles de responder, y mucho menos resolver. ¿Cómo aplacar el odio tras una guerra, como reducir los amagos de la violencia armada, como reconstruir la convivencia social, como vivir sin recelos, sin venganzas políticas, como encarar invasiones al territorio, como contener las pasiones desbordadas, como desarmar a ambos bandos de un conflicto, no solo en sus argumentos políticos, sino ideológicos extremos, como superar la división entre ricos y pobres, como aprender a respetarse unos a otros, como canalizar la reconstrucción nacional, como volver a unir una sociedad y asegurar su cohesión social?

Si solo a la mitad de estos desafíos pudo responder el gesto insólito de golpear los muros del Cuartel Bellavista, convertido en Museo Nacional, entonces la abolición del Ejercito como institución permanente, fue determinante, he incidió sobre la vida de un pueblo que encontró en la educación, la salud y la justicia del mayor número, las razones que explicaron porque llegó a ser la única democracia desmilitarizada del mundo.

Puede que uno coincida o no, con las narrativas históricas de un bando u otro, de un historiador aquí, y otro allá, de un arrebato apasionado de uno y otro actor de ese momento, de una herida no cerrada, de una fortuna no recuperada, de un juicio político no bien conducido, de una muerte no esclarecida, de un dolor no superado; todo ello es posible, en especial una sociedad donde todo el mundo se conoce. Incluso cabe preguntar: ¿Cómo se hace para alcanzar el justo medio de la noche a la mañana? porque se requiere mucho tiempo para el olvido, y más para el perdón, por más profundos que sean los credos cristianos. Pero si la abolición hizo solo la mitad de la tarea, bienvenida sea la certeza de que, para la seguridad pública, bien basta una buena policía.

Se discute mucho sobre la soberanía, se afirman ideas que no son viables, para un país neutral y pacifico como lo ha sido siempre Costa Rica, cuyos actos se apoyan en las fuentes del Derecho y la justicia internacionales, que siempre han sido una sólida garantía para su seguridad, aunque exista una estricta excepción para la defensa nacional, dado que: "Sólo por convenio continental o para la defensa nacional podrán organizarse fuerzas militares; unas y otras estarán siempre subordinadas al poder civil; no podrán deliberar, ni hacer manifestaciones o declaraciones en forma individual o colectiva."

La abolición del Ejercito, se logra justipreciar con el advenimiento de un sistema político donde la defensa territorial, está garantizada, junto al ejercicio pleno de su soberanía política, como parte de la política internacional que promueve el desarrollo y la consolidación de una democracia, cuyo respeto al Derecho Internacional se engarza de manera original con el derecho a la paz y la neutralidad. Todos estos principios han tenido su mejor evolución dentro de la historia nacional, ya que, desde la Independencia, y en especial desde la fundación de la Segunda República, Costa Rica ha dado su contribución inequívoca a la lucha por la libertad, la dignidad humana, los derechos humanos y la independencia económica. Por eso uno y otro principio están interrelacionados: la supresión de uno atenta de un modo contundente contra el otro.

Si hoy celebramos la vigencia de un sistema institucional democrático capaz de asegurar la convivencia y ofrecer oportunidades para la alternancia en el ejercicio del poder, si hoy seguimos acudiendo al dialogo como instrumento para reducir las tensiones y encontramos en el sistema electoral la válvula de escape de las presiones de un gobierno de turno, es porque la abolición del ejercito configuro el modo en que los costarricenses pueden resolver sus controversias y canalizar sus diferencias. Somos una democracia sólida, porque no existe el recurso de la fuerza para imponer voluntades, eliminar la oposición, suprimir las libertades, e imponer una sola visión del destino nacional.

Sin ejército, disponemos de más recursos para la salud y la educación, más recursos para alcanzar niveles de bienestar y reducir las inequidades económicas que dividen y promueven la desigualdad. Sin ejército nos parecemos más a lo que somos, a lo que queremos ser y lo que seguiremos siendo los costarricenses, porque la identidad nacional que se ha podido modelar desde la segunda mitad del siglo veinte, está vinculada a la abolición del Ejercito como institución permanente.

Don José Figueres Ferrer, fue a la guerra, y como todos los que participaron en ella, mancho sus manos de sangre, pero como pocos, entendió el dolor de los hermanos enfrentados por las pasiones violentas, y como ninguno supo interpretar la magnitud del uso de la fuerza, y su poder destructor. Gano una sola guerra, pero triunfo en todas las batallas por la paz, a la cual contribuyo todos los días de su vida, con sus actos, que hoy se pueden juzgar en diferentes grados y formas. Se le recuerda por su capacidad para enmendar errores, regular pasiones, y contener los desbordes. Siempre tuvo la congruencia de adaptar su pensamiento a cada época y contexto, a no dejarse llevar por otro espíritu que no fuera el ser magnánimo tanto en la victoria como en el fracaso.

Amo a Costa Rica con todo su corazón, hasta sus adversarios pudieron perdonarle muchos de sus actos, la abolición del Ejército, fue el origen de muchos otros gestos que distinguieron su paso por la vida pública, donde su personalidad magnética, y el valor que tuvo para enfrentar amigos y enemigos, combatir con ideas, tomar decisiones, aceptar rectificaciones y emprender nuevas luchas, marcaron el destino de un país, del que siempre tuvo la virtud de interpretar con acierto.

Con admiración y respeto se refería al alma campesina, fuente de la nacionalidad costarricense, de la cual decía, "El campesino costarricense, es el interpreté sin diccionario, entre el cielo y la tierra, entre misterio y misterio." De esa fuente se nutrió su espíritu filosófico y humanista que le permitió aspirar siempre a heredar una patria sin miseria, que hoy sería solo una quimera, si un primero de diciembre no hubiese osado derribar el muro del cuartel y construir la gran escuela en la que usted y yo querido lector, crecimos y nos convertimos en ciudadanos y no en soldados. ¡Por todo esto don Pepe; ¡¡que Dios se lo pague!! Tal y como usted solía repetir.

La abolición del ejército, una celebración para mirar el futuro

Guillermo Villalobos Solé

Este 1 de diciembre estamos celebrando el 72 aniversario de la abolición del ejército en nuestro país. Un acontecimiento que nos ha dado un sitial destacado a lo largo y ancho de este planeta, a pesar de que el mundo sigue marcado por la guerra, el gasto excesivo en temas militares y por la inversión desproporcionada de recursos en investigación y tecnología para el desarrollo de armas que solo sirven para poner en peligro nuestra propia existencia.

La decisión encabezada por José Figueres Ferrer (Don Pepe) no puede considerarse un hecho aislado y distante de la visión estratégica del estadista. Si algo caracterizó esa época de grandes cambios y de valientes decisiones, fue aquella que puso al país y al Estado por encima de vencedores y vencidos. La abolición del ejército en si misma es un símbolo de nuestra cultura pero al mismo tiempo, es parte fundamental de las bases constitutivas que dieron origen a la Costa Rica de los siguientes años, del desarrollo del Estado Benefactor inspirado en políticas keynesianas, en el pensamiento progresista de los intelectuales del Centro para el Estudio de los Problemas Nacionales, del pensamiento vigoroso de la iglesia católica encabezada por Monseñor Víctor Manuel Sanabria, por la firme convicción ideológica de un socialismo a la costarricense de Manuel Mora y por una visión progresista en lo social del Dr. Rafael Ángel Calderón Guardia.

Al recordar un aniversario más de este hito histórico y ver la difícil situación socio económica en que se encuentra el país, agravada por las consecuencias sanitarias que nos deja el COVID 19 y los recientes embates de la naturaleza, me pregunto, ¿dónde están los patriotas? ¿Dónde están aquellos que, despojados de intereses particulares, gremiales, sectoriales o partidarios, son capaces de mirar el país y el Estado?

En medio de una nación dividida y de un debilitamiento de la confianza ciudadana en el gobierno y en las estructuras de representación política, social, económica y empresarial, celebrar un aniversario más de la abolición del ejército debe servirnos para mirar en prospectiva el país que queremos para hoy y para los siguientes años, el país de las generaciones actuales y futuras, el país que vuelva a sobresalir en el concierto de la naciones por atreverse a ser diferente y mejor, a proponer desde nuestra realidad histórica y cultural y desde nuestra idiosincrasia una ruta alterna a la que hoy amenaza con desencadenar un conflicto social sin precedentes en estos setenta años que siguieron a los acontecimientos de 1948.

Acaso no nos damos cuenta que la decisión de haber abolido el ejército después de un conflicto como el que protagonizaron muchos costarricenses en 1948, confirmó nuestra identidad, representó nuestra firme convicción de optar por la democracia, por el civismo, por seguir construyendo una nación de oportunidades para todos, de lucha contra la pobreza y la ignorancia y de solidaridad con aquellos que estaban rezagados.

A lo largo de estas siete décadas de haber tomado la extraordinaria decisión de abolir el ejército y comprometernos con la convivencia armoniosa, fuimos capaces de contribuir a la pacificación de Centroamérica, cuyo reconocimiento mundial recayó en la elección del Ex Presidente Oscar Arias Sánchez como Premio Novel de la Paz, fuimos capaces de decretar una neutralidad perpetua, activa y no armada a través de la decisión valiente del Ex Presidente Luis Alberto Monge Álvarez y logramos que el multilateralismo apoyara la fundación de una Universidad para la Paz, símbolos todos, de que este pequeño territorio tiene ciudadanos destacados por la grandeza de sus pensamientos y sus acciones.

Si queremos honrar a esos próceres que cuelgan su foto en el salón de Beneméritos de la Patria en la Asamblea Legislativa hagámoslo despojándonos de las mezquindades con que defendemos privilegios y beneficios excesivos y repugnantes, de los subterfugios que usan algunos para evadir sus responsabilidades fiscales, de la politiquería maloliente con que se transan negociaciones que atentan contra los intereses colectivos, de leguleyadas y atrofiamientos burocráticos y administrativos que esclavizan la acción pública, hagámoslo con la valentía de hombres y mujeres que no se esconden detrás del anonimato, la descalificación, la intolerancia y el mesianismo; hagámoslo a lo costarricense.

Volvamos a demostrarnos a nosotros mismos y al mundo entero, que es posible salir de esta grave encrucijada en que se encuentra el país, en paz, en democracia, con respeto a la diversidad, pero, sobre todo, con la firme convicción de que estamos unidos por los más elevados intereses de libertad, justicia y solidaridad.

La abolición del ejercito que hoy celebramos con profundo orgullo debe representar una inspiración que confronte la mediocridad, el conformismo y la pusilanimidad con que se actúa frente a los grandes desafíos que hoy nos agobian. Cuando Don Pepe se atrevió a disolver el instrumento que le había permitido derrotar a quienes desconocían la decisión ciudadana expresada en las urnas a través del sufragio, lo hizo con total desprendimiento de cualquier cálculo político que le permitiera perpetuarse en el poder. Lo hizo pensando en la democracia y en la oportunidad de iniciar un proceso de desarrollo más justo e incluyente. Pensando en una Costa Rica mejor que pasaba por respetar las conquistas sociales de comienzos de los años cuarenta al tiempo que le daba oportunidad a un pensamiento fresco y vigoroso de jóvenes intelectuales que se convertirían en el nuevo liderazgo de relevo.

Honremos la memoria de Don Pepe dándole un mazazo a las paredes que hoy nos dividen y construyamos los nuevos puentes de la Costa Rica que se merecen nuestras futuras generaciones.

La disolución y proscripción del ejército, la opción del visionario y humanista, José Figueres Ferrer

Gustavo Arroyo

La disolución y proscripción del ejército por parte de la Junta Fundadora de la Segunda República, mediante acto solemne, formal y simbólico, el 1 de diciembre de 1948, presidida por Don José Figueres Ferrer y preceptuado en el artículo 12 de nuestra Constitución Política, como acto concluyente de la Revolución del 48, me lleva a pensar por un lado, en la culminación de un conflicto armado acaecido entre compatriotas, donde la lógica supone una sociedad polarizada políticamente y fragmentada socialmente; y por otra parte, interpreto que este acontecimiento histórico expresa la reivindicación de una situación indeseable que otrora, reproducía un orden de cosas hostiles y la vez expresaba la necesidad de un cambio o transformación radical, que condujera al país, a un estadio de cosas nuevas, donde se reestableciera el orden social, jurídico y económico, con el fin de aspirar a un conjunto de ideales mínimos, que requiere un Estado para la continuidad y estabilidad del sistema y que a la vez, ubicara a la persona humana, como el epicentro de la historia.

Más que la celebración de un acto oficial, la abolición del ejercito es un acontecimiento político y cívico, que exige un ejercicio intelectual amplio, pues nos permite descubrir también en su dimensión antropológica, la praxis política y el pensamiento de un estadista, de la talla de Don José Figueres Ferrer, siendo a mi modo de ver, el líder político costarricense, más importante de la primera mitad del siglo pasado; gestor y protagonista de los hechos que sin lugar a dudas, se convierten con el tiempo, en uno de los logros más significativos de la historia patria, propios de un líder y político visionario, quien nos heredó una sociedad inclusiva y democrática, al recuperar las fibras del tejido social y reafirmar la esencia del ser costarricense.

En el momento del triunfo de la revolución, las fuerzas políticas tuvieron que elegir entre dos caminos: o la instauración de un régimen político con la presencia de fuerzas armadas, con estructuras castrenses, similares a la de los gobiernos autoritarios, que en el pasado se impusieron en Costa Rica, al estilo de las dictaduras de América Latina; o la adopción de los valores y principios democráticos- constitucionales, que nos permitirían alcanzar el mejoramiento económico y social, mediante las vías reformistas, para asegurar el bienestar general de nuestro pueblo, y de esta forma garantizar las condiciones esenciales para las generaciones futuras de la nueva sociedad costarricense, donde tendríamos que forjar nuestros proyectos de vida e ilusiones colectivas.

La decisión de suprimir el ejército para muchos es catalogada como una acción ilógica de las fuerzas políticas vencedoras de la guerra civil, sin embargo, a mi juicio pone de manifiesto por un lado, la relevancia del valor de la libertad, la igualdad, la justicia, la fraternidad y búsqueda de la reconciliación nacional. Asimismo, constituye un mensaje directo a las fuerzas políticas futuras, de descartar cualquier intento de instaurar formas de gobierno, basadas en ideologías extremas y más bien, acentuar el valor democrático de nuestras instituciones, así como la progresividad del Estado de Derecho, que acompaña al constitucionalismo de occidente.

Decía el profesor Enrique Obregón: *"El estadista es un político, pero los políticos no siempre son estadistas. Para el estadista, su tiempo no es más que el punto de apoyo, que le permite proyectarse hacia el futuro"*. Sin lugar a dudas, estas palabras, son la prueba de que Don Pepe siempre en su labor desprendida y su deseo de ayudar al país, abrazaba los ideales de aspirar a un Estado con compromiso social, que garantizara la igualdad entre los miembros de la sociedad costarricense, pensando en el fortalecimiento de la democracia, el mejoramiento del aparato institucional y en los sectores menos favorecidos del desarrollo nacional.

En consecuencia, la abolición del ejército supone un antes y un después, en la vida política del Estado costarricense, este hecho incontrovertible, único en su particularidad, situó a nuestro país, como un ejemplo en el mundo, en su vocación por la paz y la democracia como parte de nuestra idiosincrasia y el uso de la razón en vez de la fuerza; institutos que hemos logrado consolidar desde la fundación de la Segunda República, los cuales son los pilares de nuestra pervivencia como nación.

Recientemente, el primero de diciembre de cada año, ha sido declarado oficialmente, como "Día de la Abolición de Ejército", mediante ley de la República, N°9803, de 19 de mayo de 2020, no cabe duda, que la abolición del ejército representa el surgimiento de nuevos valores en la cultura del pueblo costarricense, y la tradición por la cultura pacifista, en este punto reside la necesidad de invertir más en educación, salud, cultura, ambiente y en áreas fundamentales del desarrollo nacional, así como en la tutela de las libertades individuales y los derechos humanos. Para ello, es vital la orientación correcta de la inversión pública, como la tuvo el país desde la puesta en marcha del modelo de desarrollo basado en la justicia social y la dignidad humana, a diferencia de otros países que se ocuparon de instruir a sus pueblos con armas y prácticas militares, creando una cultura de violencia entre sus congéneres, justificando de este modo el "status quo", basado en una economía de guerra, y sembrando el dolor y la destrucción entre los pueblos, como suele ocurrir con algunos países del orbe, en su afán desenfrenado por la carrera armamentista y la primacía del conflicto armado.

La selección de los mecanismos democráticos, el diálogo y la paz como medios idóneos para la solución pacífica de los conflictos inter-subjetivos, son prácticas institucionalizadas en la cultura de nuestro pueblo, y se manifiestan a lo largo del desarrollo de la historia de Costa Rica, como por ejemplo: los logros alcanzados en el contexto de la Guerra Fría, por el expresidente Don Luis Alberto Monge Álvarez, con la proclamación de la Neutralidad Perpetua, Activa y no Armada, en 1983; declarada luego como día oficial el 17 de noviembre de cada año, mediante Decreto Ejecutivo N°15.832 del 14 de noviembre de 1984 y el Proceso de Pacificación y el Desarme del área Centroamericana, el cual se logra con el Plan de Paz, del expresidente Oscar Arias Sánchez, y culmina con los acuerdos de Esquipulas I y II, para establecer la paz firme y duradera en Centroamérica, suscrito por los expresidentes del área el 8 de agosto de 1987, y posteriormente se le otorga el Premio Nobel de la Paz, al expresidente Arias, por su liderazgo y protagonismo en los acuerdos de paz y sus ideas oportunas, sólidas y coherentes sobre las realidades de los pueblos centroamericanos, traducidas en soluciones efectivas, que propiciaron la salida de la crisis política y la finalización del conflicto armado, sufrido por los pueblos durante años, para instaurar la paz en la región y transformar positivamente la historia de Centroamérica.

El día de la abolición del ejército, no solamente es una fecha conmemorativa de un hecho histórico que surgió de la iniciativa de Don Pepe (como le decían cariñosamente) y de sus correligionarios; este acto plasma e inmortaliza el pensamiento, la filosofía, así como la vocación patriótica y democrática de José Figueres, siendo a la vez una salida pacífica a la crisis social y política de la época. En ese mismo sentido la abolición del ejército, es una cátedra de historia, para las nuevas generaciones y para la clase política del futuro, pues era necesario preparar el terreno fértil para la instauración de un nuevo modelo de sociedad democrática y reformista, que creara las condiciones para la convivencia pacífica entre los miembros de la sociedad costarricense, y de esta manera, censurar la existencia perniciosa de los gobiernos fallidos, que abrieron heridas en los países hermanos de América Latina y recordar a la vez, que el gobernante es un simple depositario del poder político, y por tanto, el poder debe estar dirigido a esa incesante aspiración, de construir una patria mejor para todos.

Es un hecho innegable, que los ejércitos en América Latina, que acompañaron las dictaduras desde los años 50 a los 80s, fueron el brazo opresor al servicio del gobernante déspota, cuyo fin era reprimir el malestar popular o la disidencia política, antes que garantizar el orden público o defender al país, de amenazas externas. Este acto marca un hito histórico sin precedentes y es consustancial a la visión de una generación de líderes y patriotas, cuyos ideales salvarían a la nación, del avance de los dogmas y de las ideologías radicales, así como de los "istmos doctrinarios extremistas". Sin lugar a dudas, Don Pepe, figura como uno de estos líderes carismáticos, siendo su virtud principal la humildad, la sabiduría y el amor a su patria, al desprenderse de la estéril vanidad que genera el poder y la devoción por el cargo público, abonada por el triunfo del Ejército de Liberación Nacional y de las bases populares, para luego retribuirlo al servicio del pueblo, dándole a la política un aire fresco, desde la dimensión de la ética y de la solidaridad, que será posteriormente un ejemplo para los gobernantes del mundo.

En definitiva, el sufrimiento o la alegría de los pueblos, reside en la forma en que la política es conducida por los cauces de la institucionalidad democrática, para mejorar las condiciones de vida de la gente. Por ello, el poder político es un instrumento en cabeza del gobernante o Príncipe (Maquiavelo) que basa su legitimación en la legalidad de los actos, y en el deber moral (Kant) de apartarse de toda actuación arbitraria o abuso de poder. En consecuencia, el fin de la política es el bien común (Platón), el beneficio de todos los ciudadanos y no la defensa de privilegios de clase y mucho menos servir a los caprichos e intereses del gobernante.

El ejercicio del poder político, es la voluntad del soberano depositada en sus representantes, para hacer que la sociedad, alcance mayores niveles de bienestar general. Don Pepe en su acto heroico de la abolir el ejército, será recordado desde el corazón de la patria, por ser un estadista, un patriota y un costarricense, que se desprendió de la vanidad del poder y pensó en los demás, siendo este último, el más noble principio y la más sagrada y admirable condición de un ser humano. Por todo ello, su pensamiento y acciones, confirman la grandeza de su obra, estando presente en cada uno de los costarricenses, al rememorar el primero de diciembre.

Sin ejército gracias a la lectura

Hámer Salazar

El 1º de diciembre de 1948, un sonido sordo y contundente se escucha en el Cuartel Bella Vista. Se trata del golpe de mazo que don José Figueres Ferrer daba sobre una de las almenas del edificio militar. Solo habían transcurrido poco más de ocho meses que sus paredes fueran testigos mudos de fusilamientos, encuentros y desencuentros de militares oficiales con militares rebeldes.

Aquel mazo se convirtió en la pluma y el golpe en la tinta que le pusieron punto final a la historia de la Primera República. El desprendimiento de la almena, esa estructura vertical y rectangular que se utilizaba como protección de los militares en las torres más elevadas del cuartel militar, ya no era necesaria. Nunca más un ser humano vestido de militar, tendría necesidad de parapetarse detrás del murete; nunca más una madre vería abandonar el hogar a sus hijos para ir a cumplir el servicio militar, ninguna esposa sufriría más la ausencia de su compañero en tiempos de guerra y ningún hijo quedaría huérfano a causa de una guerra, porque estos son anhelos del corazón de toda madre, esposa e hijos, de cualquier del mundo. Los guijarros que desprendió el mazazo, abrieron un espacio de luz, paz y libertad y cerró las páginas de un libro con gran parte de la historia patria, con páginas de un ejército del que se relatan pocas glorias, como la guerra contra los filibusteros, pero sí muchas y muy oscuras y marrulleras historias relacionadas con la administración del poder político y militar en Costa Rica.

Para la guerra civil de 1948 había, al menos, tres fuerzas armadas formales, dos ejércitos, a saber: el estatal y el de José Figueres, conocido como el Ejército de Liberación Nacional y la Legión del Caribe. Las milicias estatales, que se habían fortalecido desde la promulgación del Código Militar de 1871 y que llegaron a su "máximo esplendor" cuando se estableció la dictadura militar liderada por Federico Alberto Tinoco Granados y por su hermano José Joaquín, como ministro de Guerra, habían comenzado a ser erosionadas, desde 1921, con el gobierno de don Julio Acosta García, líder de la lucha contra la dictadura de los Tinoco.

Paradójicamente, aquella dictadura militar, que se reconoce como la única en la historia patria, comenzaría a ponerle fin al ejército costarricense. De tal manera que, por poco más de veinticinco años, el ejército comenzó a sufrir un debilitamiento presupuestario que le impedía adquirir armas, equipo de guerra, uniformes, así como el establecimiento de una verdadera jerarquía militar. De tal suerte, que la revolución de 1948, se enfrentaría a un remedo de ejército, en comparación con el Ejército de Liberación Nacional y la Legión del Caribe que habían formado Figueres y sus aliados.

Para Figueres, las burlas que las autoridades de gobierno, incluida la Asamblea Legislativa, habían hecho al pueblo costarricense, al desconocer el resultado de las últimas elecciones, en las que resultó vencedor don Otilio Ulate. Curiosamente, un incendio destruyó las papeletas. Pero también el asesinato del Dr. Carlos Luis Valverde Vega, en manos de las fuerzas del gobierno, fueron los detonantes para iniciar la revolución, cuyo objetivo sería, hacer un "borrón y cuenta nueva", para el establecimiento de la Segunda República. Así lo proclamaba Figueres desde Santa María de Dota. El pueblo había perdido su soberanía y tenía, no solamente el derecho, sino el deber, de pelear para defenderla. Aquella fue una guerra motivada no por ambiciones personales y egoístas de quienes la dirigieron, sino que respondía a la suma de la intelectualidad de los comunistas y las ideales figueristas de libertad y dignidad para todos los seres humanos

El Ejército de Liberación Nacional fue glorioso y era el que debía mantenerse para proteger la soberanía nacional, pero ya había cumplido con su cometido y tanto en este como en el ejército nacional, había militares extranjeros que podrían representar un peligro para le mantenimiento de la paz. Tampoco era posible la coexistencia de los dos ejércitos. Así comprendió Figueres y la Junta de Gobierno, que el 25 de noviembre de 1948, había acordado un plan para suprimir el ejército.

Figueres, sobrio a pesar de la borrachera que pudo haber causado la victoria, con valor estoico, decide ejecutar el acuerdo de la Junta de Gobierno, con el acto simbólico del 1º de diciembre para eliminar el ejército. ¿Y, cómo pudo el propio Comandante en Jefe del ejército victorioso tomar una decisión tan disruptiva, apenas pasado el fragor de la guerra? Fue él mismo quien lo confesó en un corto discurso, con motivo de la celebración del Día de la Abolición del

Ejército, en 1986. Dijo que la inspiración le vino de las lecturas del escritor inglés Herbert George Wells. Sin lugar a dudas, don Pepe fue un gran lector.

H.G. Wells, fue autor de docenas de novelas, muchas de ellas de ciencia ficción con denuncia social. Además de biólogo y profesor de ciencias naturales, fue un escritor con un gran compromiso social y pacifista. Decía que los ejércitos son innecesarios. Dentro de las novelas más famosas está "La guerra de los mundos", convertida en radionovela por Orson Wells y que causó gran revuelo en entre los estadounidenses, que creyeron que aquella era una invasión extraterrestre real. De acuerdo con H.G. Wells, ningún ejército podía ser capaz de enfrentar aquella invasión extraterrestre, pero sin una bacteria. Hoy los ejércitos siguen siendo innecesarios, un virus, que es menos que una bacteria, puso, no a extra terrestres, sino a la humanidad, de rodillas. Pero más que esto, el potencial nuclear destructivo que tienen varios países hacen que los ejércitos resulten ser cosa del pasado.

En el citado discurso de 1986, nos recordaba don Pepe, que el lugar donde hoy se encuentra el Museo Nacional estuvo la casa de don Mauro Fernández, el gran reformador de la educación costarricense, y el ideal de Figueres, según la segunda proclama de Santa María de Dota, era que una vez obtenida la victoria y con el establecimiento de la Segunda República, se iniciaría una guerra contra la pobreza para procurar el bienestar para el mayor número de personas. Ya don Mauro lo había sugerido con su reforma educativa de finales del siglo antepasado y ahora, con el mazo como pluma y el golpe como punto final, se iniciaría una nueva era para Costa Rica, donde se dedicarían más recursos para fortalecer al nuevo ejército, pero ahora no de militares sino de educadores y estudiantes. Gracias a esa decisión, muchos costarricenses, como quien escribe, hemos tenido el privilegio de ir a la escuela, el colegio y la universidad de manera gratuita, y podemos tomar un papel, una pantalla de computadora o un micrófono, para externar nuestras ideas con toda libertad.

El estoicismo de don Pepe para deshacerse de un ejército victorioso recién creado, sin la protesta de los propios militares y de los ciudadanos, debe ser motivo de imitación en el mundo. Ciertamente, todos los ejércitos del mundo deberían desaparecer…

Y ahora que es feriado el Día de la Abolición del Ejército, quizás tengamos tiempo para reflexionar acerca de la frase de nuestro Himno Nacional que dice "la tosca herramienta en arma trocar", para cambiarla por una frase que sea consecuente, tanto con la abolición del ejército como por la proclama de don Luis Alberto Monge, de la neutralidad costarricense. Ese es un grito de guerra que ya nadie desearía materializar. Al contrario, creemos en la paz y el respeto a las diferentes formas de pensar, y a pesar de lo lenta y ciega que podría ser la justicia, seguimos creyendo que los conflictos se pueden resolver en los tribunales nacionales o internacionales. Pero esto es avispa de otro panal…

¿Debe ser motivo de celebración la abolición del ejército en Costa Rica?

Héctor Blanco González

El primero de diciembre fue escogido por nuestro legislador, por Ley n.° 8115 de 3 de agosto de 2001, como día de la Abolición del Ejército; mediante ley n.° 9803 de 19 de mayo de 2020, se confirmó ese día de celebración y se reformó el Código de Trabajo, artículo 148, declarándolo como feriado (de pago no obligatorio), ello con el fin de que se realicen actos oficiales de conmemoración de ese hecho histórico tanto en los centros educativos como en otros lugares públicos, responsabilidad que recae en el Poder Ejecutivo. No obstante, es también lo cierto, que ya este Poder, bajo la Presidencia de don Oscar Arias, había hecho esta declaratoria por decreto ejecutivo n.° 17357 del 26 de noviembre de 1986, instando su celebración y reflexión; decreto que fue reformado por el n.° 41.444, de 1 de diciembre de 2018, del actual Gobierno, haciendo esa celebración obligatoria en las *instituciones del sector público y los centros educativos del país*".

Excelente la celebración, pero ¿realmente tendremos claridad de lo que estamos festejando? Es aquí donde se hace necesario recordar que el ejército en nuestro país, era una institución enquistada dentro de las estructuras de los nacientes estados poscoloniales, heredadas de las metrópolis y, aunque a veces no tuviera un carácter de permanencia, no cabe duda de que al amanecer del siglo XX, ya tenía un asiento de primera fila en el acontecer histórico nacional. El rol de los militares en distintos momentos del siglo XIX, en muchas ocasiones utilizados por los grupos que se disputaban el poder político (en este sentido, muy conocidas son las acciones de los coroneles Blanco y Salazar en la década del sesenta, pese a que también prestaron importantes servicios al país), fue definitivo en distintos golpes de Estado. Desde el punto de vista jurídico, estaban reconocidos en las constituciones que preceden la del 49 (en la de 1871 en los artículos 22, 38 y 109), y tenían una normativa y jurisdicción propia.

Podría afirmarse que en la década del cuarenta del siglo anterior ese "ejército", a pesar de su existencia, no constituía una fuerza real, sin embargo, por poco que fuera, lo cierto era que consumía una buena parte de los recursos escasos con que contaba el país que dedicaba a salarios y otras necesidades propias de ese tipo de organizaciones, pero sacrificando un sinfín de necesidades apremiantes (principalmente de los niños descalzos y mal nutridos).

No cabe duda de que esto fue parte de las razones por las que la Junta Fundadora de la Segunda República, con don José Figueres Ferrer a la cabeza (Ley n.° 1 de 8 de mayo de 1948, surgida con ocasión de la victoria obtenida por el Ejército de Liberación Nacional en el enfrentamiento armado producto de la anulación de las elecciones en que había resultado ganador don Otilio Ulate Blanco, candidato de la oposición al gobierno), se inclinara hacia la abolición del ejército.

El acto público del primero de diciembre de 1948, en el que don Pepe y la Junta de Gobierno, ante el resto de autoridades nacionales y representantes de otras naciones, simbólicamente, mediante golpes de mazo, derribara una parte de las paredes del Cuartel Bella Vista, no deja duda alguna de la posición que en cuanto a ese tema tenía dicha Junta, pues en su seno ya se venía discutiendo.

En el Decreto Ley n.° 749, de 11 de octubre de 1949, de la Junta, en su considerando primero se afirma: *"Que con miras a imprimirle a la estructura del Estado una fisonomía netamente civil, ha sido suprimido el ejército como institución permanente, confiándose la defensa del orden y seguridad interna a las fuerzas regulares de la Policía Nacional, hoy denominada Guardia Civil..."*, decretando la donación y traspaso del inmueble que fue el Cuartel Bella Vista a la Universidad de Costa Rica para que sirviera como Museo Nacional.

En el acta n.° 178, de 31 de octubre de 1949, de la Asamblea Constituyente, se aprueba la supresión del ejercito como una institución permanente y se crea la policía civil, para el resguardo del orden público; artículo que finalmente ocupa el numeral 12 de la Constitución Política de 1949, aprobada el 7 de noviembre de 1949. Dicho ordinal, cuyo texto se mantiene tal como fue aprobado, señala: *"Se proscribe el Ejército como institución permanente. Para la vigilancia y conservación del orden público, habrá las fuerzas de policía necesarias. / Sólo por convenio continental o para la defensa nacional podrán organizarse fuerzas militares; unas y otras estarán siempre subordinadas al poder civil: no podrán deliberar, ni hacer manifestaciones o declaraciones en forma individual o colectiva."*

Si bien podrían presentarse criterios discrepantes en cuanto al momento histórico concreto en que se decidió la abolición del ejército o sobre el acto jurídico que lo decretó, es indiscutible que el país le comunico al mundo de esta decisión el 1 de diciembre de 1948, comprometiéndose, ante su propio pueblo y el resto del orbe, a que el diálogo, la paz, la democracia y el multilateralismo serían la forma de resolver sus conflictos. Igual puede indicarse, sin entrar a buscar quien tuvo la idea original en ese sentido, que correspondió al Jefe de la Junta de Gobierno, como era lo procedente, hacer el anuncio y presidir el acto formal convocado a ese efecto.

Como se destaca por parte de los estudiosos de esta temática, del texto del artículo 12 constitucional transcrito debe subrayarse, en primer lugar, la decisión del constituyente de eliminar el *Ejército como institución permanente.* Esto ha permitido un gran ahorro de recursos (gastos en fuerzas militares propiamente) que han podido dirigirse a educación (convirtiendo cuarteles en centros de estudio, por ejemplo), salud, cultura, infraestructura, etc.; pero además, que se recogiera en nuestro pacto fundamental nuestra vocación pacifista, de confianza en la democracia y en el sistema internacional para la defensa nacional. Esto nos ha hecho destacar en el plano internacional por ser el primer país que tomó esta trascendental decisión. Pero no solo eso, según estudios del 2018 del Observatorio del Desarrollo de la Universidad de Costa (Ricahttps://www.teletica.com/nacional/estudio-revela-efectos-alargo-plazo-que-genero-la-abolicion-del-ejercito-en-costa-rica_211085), ese hecho constituyó un verdadero negocio, pues el PIB que de 1920 a 1949 crecía a una tasa promedio anual de 1,31%, a partir de esa fecha y hasta el 2010 subió a una tasa de 2,44%.

En segundo lugar, el que se encomiende el orden público a una policía, de manera que se resalta la confianza del país en este tipo de fuerza; y, en tercer, lugar, si bien en dos situaciones se permite la organización militar *por convenio continental o para la defensa nacional,* siempre estará *sometida al poder civil,* sin que pueda en ningún caso entrar en discusiones, hacer manifestaciones o declaraciones (de cualquier tipo) ya sea colectiva o individualmente.

No obstante debe acotarse que la incorporación del sometimiento de las fuerzas militares al poder civil, no es novedoso de la Constitución del 49, puesto que ya en las constituciones de 1871, 1869 y 1859 expresamente estaba regulado de esa manera (artículos 22, 17 y 18 respectivamente), normas en las cuales se agregó que *"jamás puede deliberar".* Incluso la de 1844 (numeral 41), aunque con una redacción más complicada, señalaba que los elementos militares estaban creados para el sostenimiento del Estado de derecho, por los que se les prohibía influir en las deliberaciones públicas. Pese a estas disposiciones constitucionales, tal como ya se indicó, y siendo que las dos primeras las catalogaba como una fuerza pasiva, no hubo impedimento alguno para que los militares, asumiendo una posición activa, definieran quienes ejercerían el poder del Estado.

La experiencia nacional con los militares en la definición del gobierno, lo llevó a dar el paso radical de abolir el ejército pues demostrado estaba que las medidas de contención no bastaban para evitar su intromisión en la vida política, social y económica del país. En consecuencia, lo verdaderamente novedoso de la norma constitucional del 49 es este aspecto: desaparecer de nuestra institucionalidad al ejército permanente y dejar el orden público a cargo de las fuerzas de policía; aunque recogiendo la fórmula de que cuando se dieran las circunstancias para formar una fuerza militar deberá estar sometida al poder civil. Esta fue la mejor forma de protección de la democracia, para que sea el conteo de los votos y no el ruido de las armas y las botas, el que decida quienes ejercen el poder político.

La influencia en el ejercicio del poder por parte de los ejércitos, es decir, provocando la disfuncionalidad democrática, es fácil de corroborar no solo en la Costa Rica del pasado, sino también en toda Latinoamérica (A.L.). El referido estudio del Observatorio del Desarrollo de la Universidad de Costa reveló que desde que no tenemos ejército en la A.L. se han dado, se entiende hasta el 2018, 97 golpes de Estado, 21 casos de violencia política internacional, 134 de violencia política civil y 35 de violencia étnica, comparándola con el único incidente (invasión) en nuestro caso ocurrido en 1955. Estos datos son claros de las situaciones de violencia que se han vivido en que los militares han sido sujetos activos, sin que podamos olvidar cuando a un presidente centroamericano lo vinieron a dejar, en la madrugada y en pijamas, al aeropuerto Juan Santamaría. Desde luego que detrás de estos hechos, se encuentra el sacrificio de la libertad, la vida, la paz y la tranquilidad de miles de personas.

Visto lo anterior, no debe quedar la menor duda de que es justo y procedente celebrar, a voz en cuello y con la alegría a flor de piel, la abolición del ejército en Costa Rica, reconociendo sin mezquindades a quienes participaron en el desarrollo y concreción de la idea mediante los actos políticos y jurídicos necesarios, al tiempo que renovamos el compromiso con la paz, la democracia y el desarrollo justo y equilibrado de nuestra sociedad, que serán garantes de la necesaria armonía para el trabajo y la producción. Nuestro compromiso debe ser que nuestra única guerra será contra la pobreza, la miseria, la libertad y la inmoralidad en el ejercicio de la función pública. Para ello no necesitamos fuerzas armadas, solo requerimos un *ejército de ideas* y el compromiso de hacer lo necesario en esa lucha sin fin.

La abolición del ejército en Costa Rica: de los nublados del día a una Cultura por la Paz y la Democracia

Inés Revuelta Sánchez

En Costa Rica, una frase que ha marcado nuestra idiosincrasia ha sido la de *esperar a que se aclaren los nublados del día,* lo cual también ha aplicado a la hora de tomar una decisión políticamente importante. Hemos sido parsimoniosos y adversos al riesgo, una característica natural de las personas que habitamos en las naciones que históricamente hemos repelido el conflicto, tanto bélico como social. No obstante, decía Antonio Machado que "*no duerme bajo la tierra, el que la tierra ha labrado*" y esa sí es una declaración de fe para las personas que visionaron una sociedad más próspera, equitativa, inclusiva, sustentada en los valores democráticos y en una Cultura por y para la paz. Es la consigna para quienes han trabajado arduamente para convertir a nuestro país en un referente mundial de paz; mujeres y hombres que cultivaron el pensamiento profundo y tuvieron la osadía de enfrentar los obstáculos y limitaciones de sus tiempos y que hoy afirmamos categóricamente, supieron labrar la tierra y por eso no descansan bajo ella, sino en la memoria colectiva de toda la Patria.

Costa Rica asumió como suyos los valores de defensa y protección de los derechos humanos. En primera instancia, en 1824 se abolió la esclavitud en América Central por iniciativa del presbítero José Simeón Cañas (De la Cruz, 2017); después, la pena de muerte en la Administración de Tomás Guardia en 1877, siendo el tercer país en el mundo en hacerlo (Presidencia de la República, 2015) y con estos dos avances se establece una base sólida para un estado social y de derecho, tal como ha prevalecido hasta el día de hoy. Seguidamente, se debe considerar incluir un tercer hecho relevante que fue el establecimiento de la educación primaria gratuita y obligatoria en 1869 (Martínez Gutiérrez, 2016), una decisión que pesó en la alfabetización y en la consecución de más y mejores indicadores sociales que se asocian con una población educada como lo son la salud, la seguridad social, los hábitos de vida saludable y por ende, el aumento en el indicador de esperanza de vida al nacer, todo como consecuencia de esas acciones formadoras.

Según la declaración dada en la XV Cumbre Mundial de Laureados del Premio Nobel de la Paz, celebrada en Barcelona en el año 2015, entre quienes se encontraban Oscar Arias, Frederik Willem de Klerk, Jody Williams, Lech Walesa, Shirin Edabi, Mairead Maguire, Betty Williams y Tawakkol Karman entre otros, *"la paz no es sólo la ausencia de la guerra sino que debe ser una situación en la que los derechos sociales, económicos y culturales sean respetados y disfrutados por todos"* (La Vanguardia, 2015); es por tanto, una consecución de hechos que tienen que consolidarse en una sociedad para que sean plausibles y están relacionados intrínsecamente con la educación, la seguridad social, el acceso a servicios de salud de calidad, vivienda digna y una repartición equitativa de los ingresos, entre otros.

Los anteriores hechos resguardaron a nuestro país de los avatares políticos, económicos y bélicos que se extendían por América Latina con serias consecuencias para sus habitantes como lo son los golpes de Estado, inversión económica en armamento y el mantener una institución u organización funcionando, como es el caso de un ejército, todo lo anterior en medio de una desmedida pobreza. Ya lo manifestaba José Figueres Ferrer *"aquí lo único que podemos repartir, por ahora, es pobreza"* (Mora, 1993; p.171). Es decir, que en medio de las calamidades, muchos países tomaron la decisión de invertir en armamento y ejércitos, antes de solucionar los problemas sociales que acontecían en nuestro continente. Por eso, vuelvo a rememorar a Machado cuando afirmaba que *"De diez cabezas, nueve embisten y una piensa"*; es precisamente, la grandeza de las personas la que se mide en el momento oportuno de tomar una decisión memorable que marque la historia de una nación y por qué no, de la humanidad.

No todas las personas saben leer los signos de los tiempos y no todas las personas tendrán la grandeza de asumir como propio el designio de cambiar el rumbo de un país. Con los acontecimientos que sustentaron la fundación de la Segunda República y la casta de personas intelectuales, tanto hombres memorables como mujeres entrañables, se construyó una generación de seres humanos que tenían la formación en principios y valores para sentar las bases de un nuevo Pacto Social para una República libre, democrática y sin ejército. O sea, no es un acto casual o una ocurrencia, ni un desaire a los próceres: es un cúmulo de pensamiento, filosofía, acción y sobre todo, convencimiento colectivo de que la decisión que se tome, sea respaldada política y socialmente.

Ahora bien, la Patria no está hecha ni acabada. El palabras del poeta Jorge Debravo *"tengo mi Patria siempre en la mano"* y precisamente es así, porque esta se construye y se edifica día con día. Es un trabajo permanente y constante que parte de las personas, pasa por los colectivos y surca hacia el futuro. Por eso, los movimientos sociales y políticos de la década de 1940 fueron la culminación de una serie de acontecimientos que se habían incubado a principios de siglo, pues se dieron a la luz de una serie de decisiones políticas, consignadas por García Montealegre y Amador Zúñiga en el documento *Costa Rica en la década de 1940-1950*, tales como la fundación de la Universidad de Costa Rica (UCR) en 1940, la Caja Costarricense del Seguro Social (CCSS) en 1941, el Pacto Social y Político por las Garantías Sociales de 1943, la creación de la Contraloría General de la República en 1944 y la Asamblea Nacional Constituyente de 1949 como producto de la guerra civil de 1948 y que da paso a la actual Constitución Política de la República de Costa Rica.

Para el historiador Vladimir de la Cruz *"en junio de 1947 los diputados Fernando Volio Sancho y Fernando Lara Bustamante propusieron eliminar el Ejército suprimiendo partidas para la compra de armas y mantenimiento de los cuarteles"*, un antecedente que incluyó el tema en agenda hasta que *"la Guerra Civil de 1948 puso en tensión militar el país, tanto por las fuerzas militares organizadas y dirigidas por José Figueres Ferrer, su Ejército de Liberación Nacional y la Legión Caribe que le acompañaba, como por el ejército institucional que enfrentaba la insurrección militar figuerista"*.

Para el historiador De la Cruz existen cuatro hechos que antecedieron la abolición del Ejército como institución del Estado:

1. En el Proyecto de Constitución Política, presentado por la Junta, el 3 de febrero de 1949, en su Artículo 10, se establecía declarar oficialmente disuelto el ejército, lo que empezó a discutirse en el seno de la Asamblea Nacional Constituyente. Aquí se hizo oficialmente el primer anuncio de querer abolirlo.

2. El 4 de julio de 1949 los diputados del Partido Unión Nacional, Ricardo Esquivel Fernández, Juan Trejos Quirós y Enrique Montiel Gutiérrez, proponen suprimir el Ejército.
3. El 11 de octubre de 1949 la Junta Fundadora traspasó el Cuartel Bella Vista a la Universidad de Costa Rica, con el objetivo de desarrollar el Museo Nacional.
4. El 18 de octubre de 1949 la Asamblea Nacional Constituyente revisa lo aprobado en discusiones hasta ese momento, con relación a la eliminación del Ejército, y el 31 de octubre de 1949 fue cuando se aprobó oficialmente, o ratificó, la Abolición del Ejército, en la Asamblea Nacional Constituyente.

El acto que siguió fue el acto público del 1 de diciembre de 1948, para publicitar la declaración de disolución del Ejército Nacional, que se había hecho el 31 de octubre en la Asamblea Nacional Constituyente. El acto del 1 de diciembre tan solo fue el acto teatral del anuncio, no el acto oficial en el cual se había abolido (De la Cruz, 11 de septiembre de 2019).

Costa Rica supo incubar el caldo de cultivo para que se gestara una decisión que marca los designios de un país y que sentó las bases de un Pacto Social y de Derecho que hoy ostentamos, con algunos altibajos, pero que se sostiene gracias a la Constitución de 1949.

Declamaba Debravo, "*Yo no quiero un cuchillo en manos de la Patria. Ni un cuchillo ni un rifle para nadie: la tierra es para todos como el aire*". Por eso con dolor hemos atestiguado históricamente en Latinoamérica, la existencia en algunos casos hasta el día de hoy, de ejércitos que acribillan a sus propios pueblos, que disparan los fusiles y tanques contra el alma de su tierra, que son capaces de sostener a un tirano o a un dictador, que alimentan y acompañan a genocidas y que se complacen con el poder económico, político y también en algunos casos, protegen al crimen organizado. Hemos atestiguado como algunas naciones en el mundo, fabrican armas de destrucción masiva que utilizan incluso en contra de sus propias niñas y niños. Hemos visto a ejércitos forzando la migración de poblaciones enteras de sus propias tierras y hemos llorado con las mujeres violadas y acribilladas por los ejércitos invasores. Es decir, el balance de represión y dolor es mucho mayor a los supuestos beneficios de quienes se dedican a defender con armas los designios de alguna Patria. El negocio de las armas inventa guerras y las naciones no se invaden con objetivos altruistas, sino con metas geopolíticas y económicas muy claras, por lo que se puede afirmar que son guerras "justificadas" por el odio, la segregación y el poder… o sea, guerras injustificables. La sola lectura de la frase anterior, nos debería hacer coincidir con Debravo cuando prosigue en su manifiesto y declara que *"Cogería las guerras de la punta y no dejaría una sola en el paisaje y abriría la tierra para todos como si fuera el aire"*.

La abolición del ejército en Costa Rica se celebra oficialmente el 1 de diciembre de cada año y es una fecha para conmemorar la ausencia de ejército, como una garantía ineludible de paz social y de reasignación de recursos en programas sociales y educativos que requiere nuestro país para apalancar el desarrollo. Además, es un momento propicio para renovar nuestros votos por una educación inclusiva, universal, gratuita y de calidad como vínculo para que la actual generación y las próximas, no escatimen su capital intelectual y social en crear instituciones que atenten contra el principio básico y sagrado de vivir con temor al derrocamiento del gobierno electo democráticamente o acudir a padrinazgos de violencia contra el mismo pueblo, como ha ocurrido con los gobiernos de facto, genocidas y dictadores, que se apoyan en el ejército para oprimir a las poblaciones débiles y vulnerables. También es una fecha propicia para ratificar que existe en nuestra Patria, una vocación civilista que está más allá de la ausencia de guerra y de ejército; que debe construirse día con día, a partir de la paz social, el diálogo constructivo como forma plausible de resolución de conflictos y de mucha inversión social para erradicar la pobreza y la desigualdad, la descomposición social y con una mirada firme hacia un mayor desarrollo.

Costa Rica tiene muchos retos en materia social y económica, pero ya cimentó un capital moral mediante un Pacto Social y de Derecho que sostiene la institucionalidad nacional. No somos una democracia perfecta, pero sí perfectible, porque de eso también se trata una verdadera democracia como un sistema abierto al cambio y una oportunidad de mejora basada en el respeto a las personas, la institucionalidad, la libertad de expresión, acción y elección. Estamos alineados con la búsqueda del bien común, la dignidad, la libertad, la justicia y el fortalecimiento de la base social con fundamento en la educación.

El país debe establecer una ruta clara de desarrollo basado en la fuerza moral de los hombres y mujeres que visionaron una Patria grande, sin miedos, ni temores al cuchillo, el rifle o el cañón. Personas que creyeron y crearon un país noble cuyo lema ha sido la defensa del honor y la soberanía en manos de un pueblo valiente que convierte la tosca herramienta para defender su libertad, que pretende que el diálogo le alcance para solventar los conflictos internacionales y que se cobija en la institucionalidad internacional para garantizar su soberanía y la protección de los derechos humanos.

El populismo latinoamericano que se ha extendido como pólvora en la última década, debe reafirmarnos la idea de que no hay paz duradera ni eterna, sino que debe construirse día con día, conquistarse en cada amanecer, arrullarse en la noche y velarse hasta el alba… que debe ser un propósito del país y de sus habitantes.

Que no hay camino concluido sino que, en palabras también de Machado, *"se hace camino al andar"*, con la convicción de creer que la conquista de la abolición del ejército ha sido buena y por tanto, debemos luchar con ahínco para mantenerla vigente como un legado para nuestras futuras generaciones.

El 1 de diciembre conmemoramos a las mujeres y hombres que heroicamente marcaron una tradición pacifista y no esperaron a que *se aclararan los nublados del día* para tomar la sabia decisión de abolir la esclavitud, la pena de muerte y el ejército; que supieron con valentía abrazar los ideales de una educación inclusiva, gratuita, obligatoria y de calidad como fundamento del desarrollo social costarricense y una verdadera Cultura de paz para que sigamos haciendo camino al andar.

Referencias

- García Montealegre, E. y Amador Zúñiga, V. (1979). *Costa Rica en la década de 1940-1950*. Heredia, CR. Recuperado de: http://hdl.handle.net/11056/15133
- De la Cruz, V. (20 de septiembre de 2017). *El Acta de Independencia del 15 de setiembre de 1821, la abolición de la esclavitud y el surgimiento de la ciudadanía en Centroamérica*. San José, CR; La República. Recuperado

de https://www.larepublica.net/noticia/el-acta-de-independencia-del-15-de-setiembre-de-1821-la-abolicion-de-la-esclavitud-y-el-surgimiento-de-la-ciudadania-en-centroamerica#:~:text=COLUMNISTAS-,El%20Acta%20de%20Independencia%20del%2015%20de%20setiembre%20de%201821,de%20la%20ciudadan%C3%ADa%20en%20Centroam%C3%A9rica

- De la Cruz, V. (11 de septiembre de 2019). *¿Cuándo se abolió el ejército en Costa Rica?* San José, CR; La República. Recuperado de https://www.larepublica.net/noticia/cuando-se-abolio-el-ejercito-de-costa-rica#:~:text=Usualmente%20recordamos%20el%201%20de,feriado%20de%20pago%20obligatorio%20nacional

- Debravo, J. (2013). *Obra poética.* San José, Costa Rica; Editorial Costa Rica.

- Machado, A. (1998). *Antología poética.* Madrid, España; Editorial EDAF S.A.

- Martínez Gutiérrez, B. (2016). *Cronología de la educación costarricense* [recurso electrónico]. San José, CR; Imprenta Nacional. Recuperado de https://www.imprentanacional.go.cr/editorialdigital/libros/historiaygeografia/cronologia_de_la_educacion_costarricense_edincr.pdf

- Mora Rodríguez, A. (1993). *Historia del pensamiento costarricense.* San José, Costa Rica; EUNED.

- La Vanguardia. (15 de noviembre de 2015). *La paz no es sólo la ausencia de guerra, según varios premios Nobel de la Paz.* Recuperado de https://www.lavanguardia.com/politica/20151115/54439858773/la-paz-no-es-solo-la-ausencia-de-guerra-segun-varios-premios-nobel-de-la-paz.html

- Presidencia de la República. (2 de octubre de 2015). *Costa Rica Firme Contra Pena de Muerte.* San José, Costa Rica. Recuperado de https://www.presidencia.go.cr/comunicados/2015/10/costa-rica-promueve-la-supresion-universal-de-la-pena-de-muerte-y-reitera-solicitud-para-que-medida-no-se-aplique-al-costarricense-terence-valentine/

Hoy todos somos guerreros

Jennifer Méndez Solano

Hablar con poco contexto es quizá uno de los peores errores que podemos cometer, aplica esto para cualquiera que sea el tema. Sin embargo, hoy quiero hablar con poco contexto, pero con gran felicidad, con alegría de nacer en un país sin armas, sin ejército, un país que no conoce la guerra, un lugar donde nacen miles de niños al año y ni siquiera un soldado.

Ya casi se asomaban los años 2000 cuando nací, crecí con los videojuegos en línea, con la tecnología avanzada y pensando en qué quería estudiar cuando grande, ¿cómo podría tener conocimiento para hablar de guerra, de armas o de algún hermano guerrillero?, esto para mi es prácticamente imposible.

Pese a ello hoy me atrevo a hablar porque tengo historias de mis abuelos y familiares, cuentan que antes de1948 teníamos ejército, por momentos se vuelve impensable para mi creer que estaríamos en el siglo XXI dedicando recursos para defendernos de una manera algo extrema, que estaría en este momento pensando en si mi sobrino que acaba de nacer sería el siguiente en luchar por su patria, en si me gustaría salir y estar rodeada de armas.

Lo anterior es ya para mí complicado de analizar, incluso acepto que sería doloroso. Pero peor sería imaginar y dudar de si mi vida sería tal cual es en este momento, si podría haber asistido a una escuela pública donde conocí un segundo idioma, si el colegio San Luis Gonzaga hubiese tenido la misma capacidad de estudiantes, si tendría los mismos recursos para brindar alimento en los recreos.

Imaginando un país así, no sabría si hoy tendría mi título como profesional en comunicación, o en un ámbito más amplio, ¿cómo estaría la economía en este momento?, si ya está algo desgastada no quiero imaginar dedicando dinero a algo más, son muchos los mundos paralelos que puedo visualizar si mi país tuviera fuerzas armadas, pero desde ningún ángulo encuentro la parte positiva.

Qué sería de la Caja Costarricense del Seguro Social que, aunque con facilidad podemos hablar de muchas falencias no deja de ser un beneficio con el que no todos los países cuentan y por el cual somos bastante envidiados.

Si en el año 1948 bajo la iniciativa de don José Figueres Ferrer no se hubiera abolido el ejército todos los escenarios serían una tentativa para nuestro país, porque, aunque no vivimos en un país totalmente feliz, podemos asegurar que nuestro escudo es la paz, el trabajo y el progreso.

Con satisfacción puedo decir ¡gracias don Pepe!, porque hoy nuestros mayores guerreros son los médicos, los agricultores, los docentes y cada costarricense que lucha día a día para tener alimento en su casa.

Hoy los que luchamos somos todos, con una base firme y grandes herramientas: educación, salud y libertad.

Costa Rica, Tierra de Paz

Jorge J. Porras

A los ojos del mundo nuestra tierra es sinónimo de paz lo que deriva de la sabiduría de las decisiones de 2 de nuestros más destacados estadistas que en sus respectivos tiempos mudaron de gloria a nuestra tierra, uno de ellos: **José Figueres Ferrer, *"Don Pepe"*** que dio el valiente paso de liderar la Abolición del Ejercito

Solo el 16% de los 194 países del mundo viven sin la carga de un ejército en sus espaldas, Costa Rica es parte de ese 16% a mucha honra; un selecto club del cual son parte únicamente 31 países en todo el mundo y junto a Panamá (que renunció a su ejército en 1990, lo que fue ratificado en 1994), somos los únicos en el continente que pueden decir lo mismo, más es necesario sin duda salir de Costa Rica para reconocer la bendición de haber nacido en Costa Rica, ver a las fuerzas militares movilizándose en las calles, con cargando armas de asalto y trajes camuflajeados, o en algo tan simple como hacer un retén, hace notar la enorme diferencia entre nuestra noble Fuerza Pública y un ejército.

La sola posibilidad de no desperdiciar buena parte del presupuesto nacional en armamento bélico y tener la oportunidad única de poder tomar esos recursos y destinarlos a educación y salud son otros factores que agradecemos otras latitudes viendo las terribles deficiencias de los servicios sanitarios y educativos públicos de nuestros vecinos.

Cuesta reconocer la bendición que significa vivir en una tierra donde las disputas por el poder no serán definidas por el apoyo del ejercito y donde el pueblo, no tiene más remedio que rendirse a la amenaza de una bala y aceptar el hambre en sus mesas.

Vivimos en una tierra donde la ausencia de militares no ha obligado a perfeccionar el arte del dialogo y es esta una tradición costarricense sagrada a la que no debemos renunciar, la capacidad para dialogar es el pilar que sostiene a la paz y la guerra el punto en que ese pilar sucumbe y se cae de nuevo en la barbarie y fue por medio del diálogo, no de las armas, producto de esa herencia y tradición que se firma el acuerdo de paz centro americano que se firmó, mudando una vez más a Costa Rica con gloria gracias a Oscar Arias Sánchez, quien toma esa herencia costarricense y la eleva a su máxima expresión logrando lo que la gran mayoría de los lideres de las potencias mundiales consideraban una "Quijotada".

Perpetuemos, fomentemos e impulsemos la herencia de la Paz y la tradición del dialogo, no sucumbamos ante la intransigencia fanática de las ideologías del odio, este fue el más precioso regalo que nuestros ancestros nos pudieron dejar, no lo regalemos en un ataque de ira o egoísmo.

Un país con paz y libertad

Lilliana Sánchez Bolaños

"Dichosa la madre costarricense que sabe que su hijo al nacer jamás será soldado". Ryoichi Sasakawa, político japonés

El 1º de diciembre celebramos 72 años sin ejército. Conmemoramos la que se puede considerar una de las decisiones más visionarias y trascendentales para nuestro país del siglo pasado. Un legado de "Don Pepe" José Figueres Ferrer que en el marco del contexto social y político de Latinoamérica hoy, debemos poner en valor y conmemorar efusivamente.

Un país nuevamente confirma que la decisión de abolir el ejército fue una apuesta a un modelo de desarrollo y de convivencia social, que nos da la opción permanente de contar con la vía institucional para resolver nuestras diferencias, para concertar nuestras visiones y decidir por cuál camino nuestro país debe enrumbarse.

Podemos disentir, sentarnos a la mesa y definir acuerdos, sin amenazas, sin sombras, ni miedos dibujados en figuras militares, que acechen el diálogo, la negociación, ni la estabilidad democrática como un todo. Hoy que volvemos a dialogar y a buscar un camino de acción, de reactivación económica, de respuestas para todos, debemos tener presente esa decisión histórica.

Esa decisión que sustenta nuestra base democrática, nos obliga a construir la paz de manera permanente y apostar a la negociación y las alianzas en momentos complejos como los que vivimos actualmente.

Debemos tener presente que esa Costa Rica que construimos después de abolir el ejército, hoy figura dentro de una "caja de cartón" que debe tratarse con cuidado por su fragilidad. Una caja de cartón en la que estamos todas las y los costarricenses, con una absoluta propensión a que cualquier cambio brusco o decisión sin fundamento nos ponga en riesgo de romper las paredes de la caja que nos protege. Esta alegoría que aportó el Informe del Estado de la Nación 2019, en la portada de su edición número 25, como representación simbólica de nuestra realidad, alude al mal desempeño coyuntural del país en materia de desarrollo humano y nos invita a prestar atención – al menos- a cinco mensajes clave sobre los que el informe puntualiza:

1. El primer mensaje señala que el sistema político produjo respuestas que evitaron una crisis económica y abrieron un frágil y corto compás de tiempo para corregir el rumbo del país a pesar de que una serie de factores coyunturales deprimieran los indicadores clave del desarrollo humano. A pesar de la reforma fiscal realizada no eliminó la vulnerabilidad del financiamiento de la política social.
2. Los rezagos estructurales se exacerban en una coyuntura crítica y hacen más complejo resolver los problemas del estilo de desarrollo. Dentro del análisis se toman en cuenta aspectos tales como la desarticulación estructural entre producción y empleo que se responden por medio de mecanismos de coordinación ad hoc, la atención de las desigualdades sociales se complica por cambios en las relaciones laborales y la exclusión del criterio de sostenibilidad ambiental en las políticas públicas debilita la base material.
3. La resiliencia de la democracia costarricense está bajo asedio, por factores internos y externos que presionan la estabilidad política. Somos conscientes del creciente escepticismo ciudadano hacia la democracia el cual reduce los márgenes de maniobra del sistema político y constituye una amenaza latente para la estabilidad. Existen además tendencias internacionales que profundizan los problemas políticos de la democracia y el Estado costarricenses. A pesar de que los márgenes de las oportunidades de acción son reducidos lo importante es que aún existen.
4. Se deben de atacar las brechas territoriales y sectoriales que parten al país es central para potenciar el desarrollo humano, tomando en consideración que las diferencias en los tejidos productivos regionales y sectoriales obligan a respuestas específicas de fomento productivo. El "raquitismo crónico" de la mayoría de las empresas demanda estrategias distintas de desarrollo empresarial. En este contexto de restricción fiscal, es de gran valor aprovechar el potencial de las municipalidades para impulsar el desarrollo humano. La inteligencia de datos es

una herramienta valiosa para atacar problemas complejos del desarrollo humano.
5. Existen oportunidades para la acción concertada, pero su aprovechamiento exige el máximo cuidado y precisión por parte de los actores del sistema político. Un acuerdo político con reglas básicas es fundamental. La dinámica legislativa más reciente abre oportunidades para procesar reformas.

Los datos aportados por el Informe del Estado de la Nación de 2019 como los de este año, son fundamentales para lograr que en un país sin ejército aún logremos el bienestar para todos sus ciudadanos. Hay una lista inacabada de tareas pendientes profundizada por la pandemia pero debemos creer firmemente que un país sin ejército puede construir los caminos para lograr la justicia social.

Existen propuestas sobre la mesa, información nítida, detallada y precisa del Informe del Estado de la Nación y otras fuentes que nos invitan a transformar nuestro país hacia el desarrollo humano sostenible con decisiones capaces de dar un giro de timón para hacer un país más inclusivo y de más y mejores oportunidades.

Esta lista inacabada para hacer más rígidas las paredes de esa caja de cartón, se podrá asumir en las próximas sesiones extraordinarias de la Asamblea Legislativa logrando dar respuesta a las acciones contenidas en el documento de las Mesas de Diálogo que ha sido presentado para la ejecución de acciones concretas, logrando realmente que un país sin ejército logre el desarrollo humano sostenible para todos sus ciudadanos.

Siempre gracias don Pepe por habernos dado un país sin ejército en paz y libertad…

Un liderazgo inspirador

Luis París Chaverri

Siendo apenas un joven de 21 años mi tío Álvaro decidió, a inicios de 1948, unirse a las fuerzas revolucionarias que luchaban para rescatar la pureza del sufragio.

Su valentía, su idealismo y su amor a la patria lo llevaron a la muerte el 17 de marzo de ese año al enfrentar – junto a un pequeño y mal armado grupo de jóvenes puntarenenses- a las fuerzas militares del gobierno en El Apagón, en las cercanías de Chomes, a orillas del Río Guacimal.

Ese pequeño grupo de valientes patriotas tuvo el mérito de distraer tropas del gobierno que podrían haber sido enviadas a combatir contra los revolucionarios comandados por José Figueres Ferrer, comprometiendo seriamente el éxito en el llamado frente sur.

Crecí así en el seno de una familia protagonista de ese episodio de nuestra historia y supe valorar desde niño el acto de heroísmo del tío Álvaro y de otros muchos costarricenses que como él, inmolaron su vida por la democracia y la libertad.

En las reuniones familiares, eran recurrentes los relatos sobre la revolución del 48 y la mención del nombre de José Figueres, don Pepe, nombre que para quien apenas alcanzaba el uso de la razón, era percibido ni más ni menos como el de un héroe mítico

La gesta revolucionaria de ese gran hombre, la trascendental obra realizada desde la Junta Fundadora de la Segunda República y en su primer período de gobierno constitucional, sus ideas plasmadas en discursos y libros, produjeron una enorme influencia en los jóvenes que en la década de los 60´s iniciábamos nuestra participación en la actividad política como dirigentes de la Juventud Liberacionista.

Conocer personalmente a la leyenda viviente que era ese personaje de las tertulias familiares, reafirmó la imagen que idealmente tenía de él e incrementó mi admiración, respeto y afecto.

José Figueres, es indiscutiblemente un nombre inmortal que llena capítulos gloriosos del libro de nuestra historia y es uno de sus protagonistas más destacados.

Fue un hombre de ideas claras que siempre miró el horizonte, un líder visionario, un demócrata convencido y practicante, defensor de la libertad y la justicia social, un político pragmático y un estadista de verdad.

Empresario de grandes sueños, impulsó al Estado a acometer – desde las instituciones públicas creadas por su inspiración – grandes empresas que le traerían desarrollo al país y bienestar a la población.

General victorioso, suprimió el ejército como institución permanente, en un acto sin precedentes y como un gesto que expresa el apego de nuestro país a la civilidad y a la democracia.

"El primero de diciembre de 1948, di unos mazazos sobre un muro del Cuartel Bellavista, para simbolizar así la eliminación del vestigio del espíritu militar de Costa Rica en otro tiempo", escribió don José Figueres hace un poco más de 72 años.

La trascendental decisión de don Pepe inspiraría posteriormente en la década de los 80`s a Luis Alberto Monge a lanzar la Proclama de Neutralidad Perpetua, Activa y No Armada, y a Óscar Arias a liderar el proceso que culminaría con la aprobación y ejecución del Plan de Paz para la región Centroamericana.

Sin duda alguna, ese es el legado de mayor trascendencia para la vida política e institucional del país, el que nos ha permitido vivir en paz y cimentar los valores más preciados del sistema democrático, así como destinar mayores recursos económicos a la educación y la salud del pueblo costarricense.

En reconocimiento de la importancia de tal acción, este año se promulgó la ley que establece el 1 de diciembre de cada año como Día de la Abolición del Ejército y en la misma se instruye al Poder

Ejecutivo a organizar actos oficiales para celebrar dicha efeméride en todo el país.

Don Pepe fue un líder que así como inspiró a miles de compatriotas a empuñar las armas para defender la democracia, también inspiró las grandes transformaciones que se dieron en la segunda mitad del siglo pasado y el pensamiento y la cultura política costarricense.

La memoria de José Figueres inspira aún a muchos costarricenses a mantener al país libre de cualquier "vestigio del espíritu militar" y a continuar la lucha sin fin por lograr *un sistema económico que produzca con eficiencia y que distribuya con justicia*", es decir una sociedad en paz, próspera y solidaria.

A don Pepe, en su centenario

Luko Hilje

Aún recuerdo su breve tamaño, algo eclipsado por el podio en la plaza pública de la campaña política de 1970, pero su poderoso verbo —de acento más bien campechano— agitando esas noches de verano. Claro, diáfano, enérgico, pícaro, jocoso, didáctico en los ejemplos que le brotaban de manera espontánea, en realidad ejercía la docencia desde la tarima. Sí, don Pepe Figueres, genuino líder y caudillo que convocaba a multitudes con la sola mención de su nombre.

Lo seguíamos adonde hubiera manifestaciones en la capital pues —recién graduado de secundaria y en un hogar fuertemente liberacionista— yo era voluntario en el club del Partido en Sabana Sur. Como otros amigos del barrio, en esas vacaciones trabajamos por afecto a una causa en la que creíamos, sin esperar prebenda alguna —otros bien ubicados oportunistas sí cosecharon abundantes réditos para beneficio propio, por largos años—, salvo el gusto de ver a las lindas muchachas que a menudo se acercaban al club, o se sumaban a las caravanas en los autobuses que el Partido pagaba. ¡Hermosos días de amores juveniles entre el profuso ondear de banderas verdiblancas!

Pero vendrían los tiempos universitarios, providencialmente esclarecedores en el despertar de la conciencia, para entender que no todo era como parecía. Y, sí, poco a poco fuimos percatándonos de que el Partido Liberación Nacional, carcomido por la corrupción, se alejaba de sus raíces auténticas para convertirse —salvo honrosas excepciones— en una maquinaria electoral mecánica, de ideología anquilosada —como lo demostró el fuerte rechazo al movimiento renovador encarnado en el *Manifiesto de Patio de Agua*— y cada vez más conservador, hasta culminar en lo que es hoy: expresión e instrumento de los poderosos grupos que tanto lo antagonizaron cuando emergió.

No fue sencillo alejarnos, pues con el Partido incluso había ciertos vínculos afectivos y familiares, con líderes como Daniel Oduber y Chico Orlich, ambos presidentes después. Con Daniel compartíamos abuelos, Justo y Ascensión, que eran hermanos. Chico, además de estar casado con nuestra prima hermana Marita Camacho Quirós, fue cercano amigo y socio de mi tío Ricardo en la finca La Orquídea —en La Fortuna de San Carlos— y, por ser ambos de origen croata, su padre fue amigo del mío. Varias veces papá, esmerado y notable albañil, hizo trabajos en las casas de Daniel y Chico.

Pero, por mi conciencia de biólogo y conservacionista, el detonante para el alejamiento sería la incongruente postura del Partido en cuestiones ambientales. Años después lo denuncié y documenté ampliamente en un artículo titulado *Oduber, el conservacionista* (Semanario Universidad, 7-II-77). Es decir, el Partido practicaba una curiosa esquizofrenia, pero rentable en términos políticos: un discurso conservacionista apalancado con la creación de parques nacionales desfinanciados y aderezado con la consecución de inmerecidos premios internacionales, pero con políticas y acciones sumamente lamentables en otros aspectos.

Así, apoyó la eventual explotación de bauxita por parte de la ALCOA; promovió la conversión de la isla del Caño en un paraíso de casinos y prostitución para mafiosos internacionales; propició la expansión ganadera irracional, para beneficiar a muy poderosos sectores ganaderos, sobre todo en Guanacaste; de manera truculenta promovió la instalación un oleoducto interoceánico en el país; y favoreció la explotación de la reserva forestal de Río Macho, destruyendo vastas áreas de milenarios robledales para beneficiar a la STABAPARI, empresa española fabricante de toneles de vino. Por fortuna, y gracias a las movilizaciones estudiantiles y populares, no todos estos empeños cuajarían.

Sí, demasiado desaliento y desencanto para mis convicciones conservacionistas. No obstante, muchos años después, me topé con un breve pero sustancioso libro titulado *Franjas de luz: arboricultura en el paralelo 10*, el cual me conmovió por provocador. Y fue por ello que, cuando con mis colegas Wilberth Jiménez y Emilio Vargas nos propusimos entrevistar a varias personas para nuestro libro *Los viejos y los árboles*, fue inevitable no recurrir a su autor, don Pepe.

Dejé constancia de tan inolvidable y emotivo encuentro con este anciano, entonces de 81 años y tres años antes de morir, en mi artículo *Unas horas con don Pepe* (La República, 23-VI-90). Pero lo que no dije ahí fue cuán feliz y alborozado estaba aquella espléndida mañana en su finca La Lucha, hablando con gran propiedad y conocimiento sobre árboles y reforestación. Y lo fue tanto que, cuando cerca del mediodía su hijo José María llamó a la puerta diciendo que ya había que irse, él lo increpó, preguntando: "Y... ¿por qué?". Tras indicarle que ya sus dos también ancianas hermanas querían regresar a San José, replicó: *"¡Dígale a esas viejas que no jodan! Yo aquí estoy muy a gusto, hablando de arbolitos... y no de política, que es de lo que siempre me preguntan. Sí, sí... ¡que no jodan!"*.

Lamentablemente, su estado de salud impidió prolongar por mucho rato la plática interrumpida. Pero concertamos una nueva cita, esta vez en su finca Entebbe, en Ochomogo, a la cual me tocó ir solo. Grata conversación, de nuevo, que aproveché para mostrarle algo escrito por él el 1º de abril de 1945 en una bitácora que mi tío Ricardo mantenía en la finca La Orquídea, que dice así: *"Pasto verde en abril. Ganado limpio. Clima agradable. Buenas aguas. Palmileras. Guayabones. E invocando lo eterno, el gran cerro de Arenal"*. Lacónica pero profunda descripción de esas pródigas y feraces tierras.

De mirada penetrante y azul profundo, enmarcada por un rostro curtido por tempestuosos años de incesantes luchas, me sentí como el discípulo que escucha alelado a su mentor, a su maestro, a un profeta. Y gané certeza de esto cuando insistió en que llegó a la política por rebote, al autodefinirse como un hombre de estudio y pensamiento.

Casi de inmediato me obsequió su reciente libro *El espíritu del 48*, con cuya temblorosa caligrafía anotó: *"Para el joven estudioso Prof. Luko Hilje"*. Me sentí muy honrado de que me percibiera así, por el valor que siempre dio a la preparación intelectual. Y, debo reconocerlo aquí. Triunfante en la Guerra Civil de 1948, fue respetuoso de las garantías económicas y sociales promovidas por sus opositores, y más bien las ensanchó, para que personas de clases populares y medias pudieran tener —entre muchos otros beneficios—, la posibilidad de prepararse académica y profesionalmente para servir al país, a la vez que mejorar su situación económica y ascender en el plano social.

Casi al final de la entrevista, cuando le insistí en la indeleble impronta que él marcó en la vida de Costa Rica, más en serio que en broma acotó: *"Sí... yo tengo la vanidad de creer que mis escritos y mis discursos se leerán cuando ya no esté en este barrio. Algunas cosas quedan escritas para el futuro"*. Y, quizás por ello, cuando por un zaguán salíamos al patio, para despedirnos, su ánimo se turbó y, con palabras entrecortadas, lamentó que el país perdiera tan jóvenes a esas figuras cimeras que fueron Rodrigo Facio y Omar Dengo, notables educadores y formadores de juventudes.

Y es así como evoco a don Pepe hoy 25 de setiembre, al conmemorarse el centenario de su natalicio, igual en una plaza pública de campaña, meditando o escribiendo un libro: siempre provocando y enseñando pero, sobre todo, sabiendo convertir en hechos sus palabras.

Crímenes del 48

Macarena Barahona Riera

Para que la sociedad costarricense construya su destino con hilo más justo de su historia, en honor a los hombres y mujeres que han dando de sí sus mejores capacidades para el pueblo costarricense, y han dando de sí, hasta la vida misma. Debe saber y valorar a costarricenses que murieron en la guerra civil, los que murieron en combates, que rondan los 2000, los que murieron en emboscadas, como los del crimen de la Cangreja, en el Cerro de la Muerte, los de prisioneros políticos de el conocido Crimen de el Codo de el Diablo de Turrialba.

Una sociedad está enferma, cuando convive su presente entre muertos de fosas comunes y crímenes silenciados.

La sociedad democrática a nivel mundial se expresa en el repudio general a estas inhumanas situaciones, ocultar de los textos educativos y de los panegíricos de los vencedores, no diluye a las víctimas, lo contrario, las vuelve majestuosas en su dignidad humana y trascendente, nos relatan en fin de una guerra civil desde sus fosas, a la espera de sus exhumaciones y justicias.

Las fosas del 48 están dispersas en los lugares donde fueron ultimados, muchos heridos fueron rematados, según los mismos vencedores en sinceros relatos de combatientes del Archivo Nacional, y testimonios publicados, [Barahona. Documentos de 1948. Editorial Costa Rica]

Las víctimas del crimen del Codo del Diablo, un diputado electo, dirigentes del partido proscrito y dirigentes de también sindicatos proscritos, dan un terrible muestrario de esos días, los vencedores en sus fiestas de poder y gloria, cachuchas y buenos negocios, y los proscritos, diputados, dirigentes de partido y de sindicatos, cárcel, destierros, y muerte. Estas víctimas, que hoy se conmemora los 71 años de sus asesinatos, se han convertido en la verdad oculta de los vencedores, son cadáveres que hablan y defienden desde sus tumbas en el cementerio Obrero, sus derechos violados, sus vidas segadas , sus compromisos con el pueblo trabajador, con un concepto de patria, superior a sus hijos homicidas, que nunca fueron encontrados, ellos nos narran de injusticia y pendientes de una sociedad política y económica que en la mentira, el silencio, la tergiversación y el oportunismo construyó un relato alterno y de falacias donde los derechos humanos de sus. Íntimas fueron ultimados en sus integridades físicas y morales. La persecución, el pillaje, la vendetta, el escarnio público a mujeres y hombres, a maestras, maestros profesoras universitarias, profesores universitarios, sucedió sin que fueron considerados oprobiosos y humillantes ante las consideraciones de derechos humanos y trató de prisioneros políticos.

En este aniversario de la muerte de estas víctimas, creo que la sociedad cultural debe repensar, y como en otros países sucede, pedir disculpas, a través de las autoridades institucionales, por el trato oprobioso del que fueron objeto tanto funcionario académico y del magisterio, por lo inhumano del crimen de los prisioneros políticos, un resarcimiento público a sus descendientes de parte del Ministerio de Justicia, gestos públicos que enarbolan decencia y compensen el silencio y la complicidad.

Abolición del ejército ¡Por Dios, qué atrevimiento!

Marinela Córdoba Zamora

Hace unos días escuchaba a varios colegas conversar sobre el último informe del Estado de la Nación y uno de ellos decía que Costa Rica era un país que se siempre se arriesgaba a tomar decisiones. Una de esas decisiones atrevidas fue la abolición del ejército, acto concretado por el expresidente José Figueres Ferrer el 1 de diciembre de 1948 y que se plasmó en la Constitución de 1949. Don Pepe y su grupo se atrevieron. ¡Se atrevieron a abolir un ejército cuando en la región la idea era fortalecerlos! ¡Se atrevieron a abolir un ejército recién ganada una guerra! Hoy, al ver ese acto en retrospectiva confirmo que fueron unos grandes atrevidos…Yo celebro esa osadía.

Sin embargo, ese atrevimiento fue más allá, los recursos que se utilizaban para financiar al ejército fueron dirigidos al desarrollo e invertidos en educación. El atrevimiento fue demasiado, porque un pueblo educado…es difícil de manipular. Fueron tan atrevidos que invertir en educación no se consideraba un "despilfarro".

En este sentido, un estudio sobre las consecuencias que tuvo la abolición del ejército en Costa Rica se realizó en el Observatorio del Desarrollo de la Universidad de Costa Rica (2017-2018). El estudio se denominó ***Adiós a las armas: los efectos en el desarrollo de largo plazo de la abolición del ejército de Costa Rica*** y como parte de las conclusiones se indicaba que Costa Rica había experimentado un aumento del PIB per cápita anual de 2,28% gracias a la abolición del ejército, contrario al 1,42% si la medida no se hubiera concretado. Se detallaba que el incremento significó casi un punto porcentual en el crecimiento anual promedio del PIB per cápita entre los años 1950 y 2010.

Así mismo, uno de los hallazgos de la investigación realizada por Alejandro Abarca y Surayabi Ramírez, detalló que el nuestro pasó de ser el cuarto país con menor tasa de crecimiento del PIB per cápita antes de la abolición del ejército para convertirse en el segundo de mayor crecimiento en Latinoamérica (después de Brasil) luego de la abolición.

Por lo tanto, ese importante desarrollo que como país experimentamos en educación, en crecimiento social, en infraestructura, en seguridad social a partir de 1949 se debe al conjunto de decisiones visionarias y atrevidas que se plasmaron después de atravesar conflictos sociales y políticos serios, pero que fueron atenuadas por el impulso en la construcción de un Estado Social equitativo.

Entonces me pregunto: ¿Cómo será la celebración para conmemorar los hechos de aquel 1 de diciembre de 1948? ¿Cuál será nuestro atrevimiento?

Actualmente, como país vivimos una guerra muy diferente, nos enfrentamos a una Pandemia que ha dejado en evidencia graves problemas estructurales que se han acumulado sin resolver durante las últimas décadas. Entonces, ¿Cuál será nuestro atrevimiento para afrontar nuestro Bicentenario como república que está a la vuelta de la esquina?

Yo espero que seamos muy atrevidos en la defensa de esas conquistas y logros, así como en el fortalecimiento del Estado Social costarricense que tanto nos ha definido como sociedad. Creo que deberíamos ser totalmente atrevidos y atrevidas para defender y fortalecer el Sistema Educativo costarricense dotándolo de los recursos necesarios para dar el salto de calidad, equidad y tecnología que se requiere para enfrentar los retos que nos depara el nuevo siglo.

Los 71 años de la abolición del ejército y la seguridad geopolítica

Miguel Ángel Sobrado

Se requiere una reflexión oportuna y necesaria sobre el 71 aniversario de la abolición del ejército.

¿Cómo es que Costa Rica ha podido sobrevivir, sin ejército, como nación independiente en una región del mundo estratégica? No existe un solo factor que lo explique, algunos son de orden interno producto de la cultura y del ordenamiento político, pero quizás el más importante ha sido que, siguiendo una vieja tradición desde la independencia, hemos apostado más, que por las armas, por las alianzas regionales y el derecho internacional.

La guerra contra los filibusteros esclavistas de los Estados Unidos, en 1856, que nos permitió detenerlos, primero de Nicaragua y posteriormente, conjuntamente con los otros países centroamericanos, expulsarlos de la región, se dio gracias a las alianzas, respaldo latinoamericano, y venta de los fusiles más modernos de entonces por parte de Inglaterra, entonces potencia dominante, que veía con preocupación la expansión norteamericana en la región.

La educación gratuita y obligatoria 1869 fortaleció la construcción de un proyecto nacional alrededor del café y el ferrocarril al Caribe, estimulando en el último tercio del siglo XIX el crecimiento nacional más allá que el de los mismos Estados Unidos.

Mientras la educación crecía, se disminuía paulatinamente la importancia del ejército y aumentaba el peso de la organización de los educadores. En 1919 la huelga de los maestros desencadena un movimiento que termina tumbando la cruel dictadura de los Tinoco, asentada sobre el poder militar. En 1948 después de la guerra civil, se decreta constitucionalmente su abolición.

Los recursos que antes se gastaban en el ejército pasan a engrosar la educación y un nuevo proyecto nacional de diversificación agrícola, crédito rural, electrificación e industrialización.

En las décadas posteriores las amenazas para el país, de las dictaduras regionales, son sorteadas a través de una diplomacia de alianzas y el derecho internacional. El momento más peligroso lo afrontamos en la década de los 80s del siglo XX, con la posibilidad de una intervención norteamericana para involucrarnos en la guerra que se libraba entonces en Centro América. De nuevo la diplomacia, impulsada por Figueres Ferrer y Manuel Mora ante las potencias y sus aliados, que supo aprovechar el presidente Arias, para impulsar el Plan de Paz regional, lograron lo que el mejor de los ejércitos de un país pequeño podría haber hecho.

Hoy en día la región afronta un nuevo peligro derivado de su posición estratégica ubicada entre Colombia y México, por donde fluye el tráfico terrestre de drogas especialmente en las pobres regiones costeras y fronterizas.

Centro América y nuestro país, se encuentran bajo el embate de una fuerza económica, organizativa y criminal, de grandes proporciones, que está tomando y consolidando paulatina pero continuamente, posiciones, que amenazan la estabilidad de la región. No es por casualidad que al triangulo del norte de Centro América se le llame estados fallidos y que anualmente mas de medio millón de su población, escape masivamente del terror y la desesperanza.

Ante este panorama nos encontramos en un momento de crisis acumulada, con amplios sectores excluidos y lo que es peor sin un proyecto nacional que tense el arco creativo y sea capaz de integrar el haz de voluntades nacional y regional, como lo hicimos en el pasado. Aunque disponemos de un gran capital humano y empresarios innovadores en los campos y en la nueva tecnología, nuestra clase política se encuentra capturada por un capitalismo de amiguetes y nuestro estado manejado por administradores sin visión ni proyecto. Ambos grupos que se pueden definir como patrimonialistas ven solo el beneficio propio y conducen nuestro estado hacia un precipicio.

Nuestra diplomacia debe recuperar la visión geopolítica. Dejar de cohonestar en los organismos internacionales golpes de estado como los de Honduras y Paraguay y peor aún haber propiciado el golpe de estado en Bolivia en 2019. Nuestra seguridad depende de la solidez del derecho internacional, su erosión nos debilita.

Es fundamental colocar a Costa Rica primero y aprovechar para nuestro beneficio, el proyecto chino para construir una zona económica especial en Limón, San Carlos y Puntarenas, regiones en deterioro y creciente violencia. Este proyecto que debería haberse iniciado e 2015 se ha dejado en el congelador para satisfacer los temores de Mike Pompeo y Trump.

Debemos aprovecha nuestra posición geopolítica ahora que los chinos tienen interés de construir la ruta de la seda hacia el norte del continente y un liderazgo activo comprometido con la autonomía de los pueblos en escala internacional.

Nuestro país no necesita un ejército, pero si una policía muy profesional y sobre todo una nueva institucionalidad, orientada por un proyecto país que promueva la inclusión social y frene la erosión del tejido social. En ese deterioro radica el peligro.

Que debemos celebrar

Oscar Aguilar Bulgarelli

Entre 1967 y 1971 me correspondió ser el primero en realizar dos estudios con exigencias académicas, sobre lo acontecido en 1948 a raíz de la presentación de mis tesis de grado en Historia en la Universidad de Costa Rica y en la Universidad Complutense de Madrid bajo los títulos "Costa Rica y Sus Hechos Políticos de 1948 (Problemática de una Década)" y " El Desarrollo Constitucional de Costa Rica y La Constitución de 1949 (Antecedentes y Proyecciones)"; en ambos casos traté de explicar algunos sucesos que en la mentalidad popular se habían arraigado como verdad absoluta, sin tener una certeza histórica. Digo esto porque, en estos cincuenta años que han transcurrido, muchos mitos se han consolidado y va siendo hora de ubicarlos en su verdadera dimensión; cito solo tres ejemplos por el momento: la verdadera participación de los comunistas en la legislación social, el número de fallecidos por la guerra civil y la abolición del ejército. Llegar a aclarar estos mitos, es uno de los trabajos que tengo en cartera un poco avanzados, aunque al final, a lo mejor, me gano mi personal "Codo del Diablo"; pues la verdad no llegará a pecar, pero si a incomodar a más de uno.

Vamos al hecho concreto: dice la tradición, más no así los documentos, que el 1 de diciembre de 1948 don José Figueres Ferrer, Presidente de la Junta de Gobierno que gobernaba de facto Costa Rica, por medio de un decreto y un simbólico mazazo en la pared norte del Cuartel Bella Vista, eliminó el ejército. Si estuviéramos en un examen colegial de esos tan de moda: falso o verdadero, qué podríamos como respuesta. Pues Caben las dos?, ni lo uno ni lo otro?, verdades a medias o manipulación política?

Estudiemos desde el principio: ¿de quien fue la idea? ¿De don José Figueres y la Junta de Gobierno?, simplemente no. Recordemos que ese gobierno de facto, había creado el 21 de mayo de 1948, una comisión de muy ilustres costarricenses como Fernando Lara Bustamante, Fernando Baudrit, Eloy Morúa, Manuel Hernández Herrán, Abelardo Bonilla Baldares, Rafael Carrillo, Rodrigo Facio, Fernando Fournier y Fernando Volio S. para que redactara un proyecto de Constitución Política que sería enviado a la Asamblea Nacional Constituyente que debía elegirse el 8 de diciembre de aquel año 48, de acuerdo con los compromisos del Pacto Ulate Figueres firmado el 1 de mayo, en que inició el periodo de facto y que, ese mismo día, dio su segundo decreto con el que deroga la Constitución de 1871. En ella se regulaban diferentes aspectos del ejército, por ejemplo que estaba subordinado al poder civil, era pasivo, no podía deliberar y sobre todo era el Congreso de la República el que, anualmente, establecía su existencia al fijar su presupuesto, el máximo de hombres que componía el ejército de " mar y tierra" en tiempos de paz o el aumento en caso de conflictos y conferir los grados militares a partir de coronel; por lo tanto, si se anulaba la Constitución, qué quedaba del ejercito sustentado en ella, nada.

Sin embargo, fue en el seno de la Comisión que el Lic. Fernando Lara Bustamante presentó la idea de la abolición del ejército como INSTITUCIÓN PERMANENTE, idea y propuesta que fue acogida por los demás miembros y plasmada en el artículo 10 del Proyecto de Constitución, en el que se abole el ejército dentro de la idea planteada; la conservación del orden público quedó supeditada a la acción de una policía sometida al poder civil y no tenía derecho a deliberar.

El proyecto de Constitución, con ésta y muchas otras ideas renovadoras, fue enviado por la Junta de Gobierno a conocimiento de la Constituyente, que con una actitud conservadora y tradicionalista propia de la mentalidad imperante en el partido que obtuvo la mayoría de las curules, rechazó el proyecto y acogió la Constitución de 1871 como base de discusión. Sin embargo, como ya lo han señalado muchos autores, don Fernando Lara buscó la colaboración de tres miembros de aquella Cámara, los diputados Juan Trejos Quirós, Enrique Montiel y Ricardo Esquivel para que presentaran la moción prácticamente con el mismo texto.

La discusión de tema tan importante, se dio el día 4 de julio y según el ACTA 101 de la Asamblea Constituyente, se requirieron dos párrafos de nueve renglones cada uno para discutirlo! Solo hubo una pregunta y su respuesta que vale la pena sacarla del baúl del olvido; el diputado Everardo Gómez preguntó a los proponentes si quedaba excluida la

- "organización de un ejército ciudadano, como el suizo, que voluntariamente se disciplina y entrena bajo el control del Ministerio de Seguridad, para acudir en defensa de la patria eficientemente. El señor Diputado Esquivel, a nombre de los proponentes de la moción, que ella no excluye la organización ciudadana voluntaria que se indica, porque no constituía un ejército permanente de carácter militar y porque tal organización, como tendiente a la defensa nacional, tampoco excluye el artículo que se discute. El señor Gómez Rojas pidió que la duda que había formulado constara en el acta respectiva, COMO ELEMENTO PARA INTERPRETAR EL CITADO ARTICULO EN EL FUTURO..." (Actas A.C.. T.II. P.439. Acta 101)

Es interesante, por lo tanto, ver cómo en tan pocas líneas se plasmaron logros institucionales tan importantes y también posibilidades de defensa nacional que, en otros momentos a lo largo de estos setenta años pudo aplicarse y no se hizo, por olvido u omisión.

Entonces, qué medió para realizar aquel acto en el Cuartel Bellavista el 1 de diciembre de 1948? Recordemos cosas importantes, en primer lugar el llamado Ejército de Liberación Nacional como lo demuestro en mi libro, estaba integrado en su gran mayoría por jóvenes seguidores del Partido que había presentado la candidatura de Otilio Ulate y se habían incorporado el movimiento de Figueres, no siguiendo sus ideas ni relaciones caribeñas, sino por la defensa de la elección de su candidato, además eran los que tenían las armas en su mano. Por eso, los acuerdos del Pacto Ulate Figueres no eran de todo su agrado y mucho menos que la Junta pudiera prolongar su mandato de dieciocho a veinticuatro meses; por eso, para muchos miembros de la Junta, lo mejor era desarmar lo que popularmente era conocido como el Ejército de Liberación Nacional, de manera elegante y que no despertara serias fricciones.

Por otro lado, la Embajada de los Estados Unidos, especialmente, presionaba por la eliminación de grupos como la Legión Caribe y Rafael Herrera, que en el país preparaban las huestes para cumplir las obligaciones estipuladas en el Pacto del Caribe del 16 de diciembre de 1947, que Figueres había firmado, y hacían que en Nicaragua el gran amigo de los norteamericanos Anastasio Somoza se sintiera amenazado. Además surgían internamente sentimientos de inconformidad por algunas disposiciones de la Junta, algunos de ellos en sectores económicos y empresariales muy ligados al movimiento de Ulate. Por todo esto, políticamente era importante eliminar cualquier peligro que estuviera latente, y para ello, el acuerdo tomado por la Asamblea Nacional Constituyente el 4 de julio de 1948, que "casualmente" ha sido olvidado y nadie lo cita, les venía como anillo al dedo.

Así, el 11 de octubre de 1948 tres meses después de lo aprobado por la Asamblea Nacional Constituyente se emite el decreto-ley 749 que todos los escritores, políticos, historiadores, periodistas y otras hierbas han dicho y proclaman como el decreto que eliminó el ejército como institución permanente. ¿Y qué dice el susodicho decreto? Veamos. En su primer considerando dice textualmente:

"1. Qué con miras a imprimirle a la estructura política del Estado una fisonomía netamente civil, ha sido suprimido el Ejercito como institución permanente…"

Al utilizar los términos "ha sido suprimido" quiere decir que ya, en el momento de firmar aquel decreto ley, el ejército había sido suprimido anteriormente. Pero ¿cuándo y por quién? Buscando en todos los decretos-ley de la Junta no existe ninguno antes de este del 11 de octubre que trate el tema; lo único que existe es el acuerdo de la Asamblea Constituyente, por lo tanto, a quién le damos la responsabilidad histórica de un hecho tan trascendente?

Otro detalle importante; en el segundo artículo de los considerandos, se señala que para tranquilidad pública, por la vida y hacienda de los ciudadanos, es conveniente sacar las "instalaciones militares" de las zonas residenciales y ubicar los inmuebles existentes a otros fines de utilidad social. Me pregunto, cómo puede hablarse de instalaciones militares si ya no había ejercito?, o era parte del galimatías mental que prevalecía en el momento.,

Pero lo más importante a destacar es que en el famoso decreto-ley 749 considerado por tirios y troyanos como el de la abolición del ejército, sobre ese tema… no dice nada! y en su parte resolutiva se refiere únicamente al traspaso a título gratuito del Cuartel Bella Vista a la Universidad, su ubicación para trasladar el Museo

Nacional. Y nada más! Nada de abolición del ejército ni cosas por el estilo. Entonces, sigamos con la pregunta: cuándo, cómo y por quién?

Pues la siguiente fecha a mencionar es el 1 de diciembre de 1948 día en que don José Figueres dio los mazazos simbólicos al Cuartel Bella Vista y hace entrega de las llaves a… la Universidad de Costa Rica?, no, dice el decreto a "las escuelas, para que sea convertido en centro cultural" Por qué ese cambio de dueño y destino?, obviamente no había claridad de cómo se actuaba. . Pero lo más importante es que ese día, con base en el decreto de esa fecha lo que se hace es DISOLVER, el ejército regular de Costa Rica considerado el

- "…digno sucesor del Ejército de Liberación Nacional…"

Reconoce entonces que después de la Guerra Civil, el Ejército de Liberación Nacional se convirtió en el regular del país, con todos los inconvenientes para la Junta de Gobierno que ya hemos señalado.

Y de seguido señala, al igual que lo dispuesto por la Asamblea Constituyente, que la seguridad del país se garantizaba con un buen cuerpo de policía sometida al poder civil. Entonces, no es lo mismo disolver una fuerza armada o decirle a un grupo de personas que terminan sus funciones, dejen sus armas y se vayan para la casa; lo que no eliminaba la posibilidad de organizarlo nuevamente.

Cosa muy diferente es eliminar institucionalmente un ejército, que fue lo aprobado por la Asamblea Constituyente y que se consolidó con la aprobación de la Constitución Política el 7 de noviembre de 1949, por lo que si queremos festejar una decisión tan sabia, debería ser esa fecha, pues fue la DECISION DEL SOBERANO, DEL PUEBLO EN LA MAXIMA ASAMBLEA DE LA DEMOCRACIA REPRESENTATIVA, el que tomó la sabia decisión de acabar con semejante lacra en la Historia de América y que también tuvo sus desafueros en la nuestra también.

Para terminar, si queremos festejar algo realmente importante de nuestra Historia Patria, celebremos y conmemoremos la aprobación del PACTO SOCIAL FUNDAMENTAL INTERINO DE LA PROVINCIA DE COSTA RICA O PACTO DE CONCORDIA, nuestra PRIMERA CONSTITUCION POLITICA, con la que dimos inicio a nuestra vida institucional y democrática, con base en el respeto al sagrado principio de legalidad, sin el cual no hay ni libertad ni democracia, precisamente. Y fue ese PACTO DE CONCORDIA, producto de días intensos de verdadero CONSENSO entre nuestros padres fundadores, que se logró llegar a un punto de acuerdo que evitó, además, que formara un ejército fuerte y poderoso que defendiera los pasos independentistas que se estaban dando, como sucedió en otras latitudes hispanoamericanas y que fueron el germen que originó ese ejército institucionalizado que ha ensangrentado nuestro continente. De eso, también, nos salvó el Pacto de Concordia. Hoy tan olvidado al igual que el respeto al principio de legalidad por los gobernantes de los últimos tiempos, pues los ciudadanos olvidamos los deberes y derechos que tenemos como parte del SOBERANO, y hemos permitido QUE NOS LLEVEN POR LA CALLE DE LA AMARGURA de una tiranía en supuesta democracia, aunque no tengamos ejército. De todas maneras a quien se le atribuye su eliminación, también dijo una vez que éramos un pueblo domesticado!

Costa Rica necesita de la visión de don Pepe Figueres

Óscar Arias Sánchez

Hoy 1º de diciembre del 2020, día en que celebramos una vez más la abolición del ejército, tengo el gusto de compartir con ustedes ideas no perecederas que deberían de propiciar la actitud visionaria, que expresé en el centenario del nacimiento de don José Figueres Ferrer, el 26 de setiembre del 2006.

O.A.S.

"Costa Rica necesita de la visión de don Pepe, de una visión que trascienda las fronteras de nuestro territorio y de nuestras mentes. Costa Rica ocupa ver más allá de sus narices, más allá de las paredes que la encierran en su tiempo y en su espacio. En esto he insistido incansablemente: no avanzaremos como país si no entendemos que la historia es nuestro bagaje pero no nuestra estación, y que en esta larga travesía humana, no caminamos solos".

Venimos hoy a rendir homenaje a don José Figueres Ferrer. Quien eso hace se ve obligado a leer todos los trazos del manuscrito de la historia de la patria en el último siglo. Porque ahí, en esas páginas, el anónimo cronista de nuestra travesía nacional ha puesto, en cada línea, el nombre de don Pepe. Ahí, en cada página, está su pequeña figura gigantesca venciendo el tiempo, venciendo el olvido, venciendo la muerte.

Venimos hoy a celebrar el nacimiento de un transformador de sociedades, de un creador de verdades, que supo armarse por la libertad y por la misma libertad desarmarse; que supo vencer la tentación siempre presente del populismo y del despotismo, de la tiranía y de la opresión.

Pero hoy no sólo venimos a celebrar a un hombre. También rendimos homenaje a una forma de sentender la acción política, la de don Pepe, que aún encierra las claves de nuestro futuro.

De don Pepe aprendimos que la política es pensamiento, pero también es acción. Aprendimos que el estudio, el pensamiento y las convicciones, de poco sirven si no van acompañadas del trabajo que transforme en realidades nuestros ideales; y que la acción ciega, que no se nutre del pensamiento y que no se inspira en las lecciones de la civilización, conduce, en el mejor de los casos, a un callejón sin salida, y casi siempre a un abismo insalvable.

Para don Pepe cada día fue una oportunidad para crecer espiritual e intelectualmente, para reflexionar sobre la vida y sobre el destino del ser humano, y para elaborar grandes concepciones, llenas de optimismo, para construir caminos de emancipación para nuestro pueblo. Pero también, con audacia y con músculo, supo afirmar la libertad de nuestra patria, consolidar la justicia social y marcarle a nuestra nación los rumbos de un desarrollo más justo y más y los movimientos políticos que se niegan a reconocer los cambios de la historia, están condenados a la marginación y al descrédito.

Para don Pepe cada día fue una oportunidad para crecer espiritual e intelectualmente, para reflexionar sobre la vida y sobre el destino del ser humano, y para elaborar grandes concepciones, llenas de optimismo, para construir caminos de emancipación para nuestro pueblo. Pero también, con audacia y con músculo, supo afirmar la libertad de nuestra patria, consolidar la justicia social y marcarle a nuestra nación los rumbos de un desarrollo más justo y más humano.

Armado de un arsenal de libros y del conocimiento sin fronteras del hombre visionario, don Pepe fue el vencedor de la batalla más difícil de todas: la batalla de las ideas. Pero siempre supo que las ideas son instrumentos de cambio y no prisiones para encerrar la realidad.

Don Pepe siempre entendió que su primer deber como líder político y como hombre libre no era atarse, a cualquier costo, a ideas intemporales, sino atreverse a pensar. El era un verdadero rompedor de ideas, un ideoclasta, que no vacilaba en modificar su manera de pensar si la realidad cambiaba y se le daban nuevos argumentos o nuevas razones. Pienso que don Pepe coincidiría con don Miguel de Unamuno cuando éste dijo en su memorable ensayo "La ideocracia": "¿Qué Fulano cambia de ideas como casaca, dices? Feliz él, porque eso arguye que tiene casacas que cambiar, y no es poco donde los más andan desnudos, o llevan, a lo sumo, el traje del difunto, hasta que se deshilache en andrajos… Lo importante es pensar… pensar… porque el que piensa sujeta a las ideas, y sujetándolas se liberta de su degradante tiranía".

Don Pepe poseía ideas, pero nunca fue poseído por ellas. Tuvo siempre claro que ninguna proclama ideológica, por hermosa o inspiradora que sea, le ha llenado nunca el estómago a ningún compatriota pobre, y que puestos a escoger entre la fidelidad a un catecismo ideológico y los logros concretos de bienestar para el pueblo costarricense, siempre debemos escoger esto último.

Hacia el final de sus días, decía nuestro homenajeado: "La revolución no ha terminado. Es la revolución constructiva que no se hace con frases rígidas de ideologías. Se hace con ideas que generan planes de progreso real, por modestos que sean; con el libro bajo el brazo, con la herramienta en la mano y con la inspiradora mística en el corazón".

Armado con esa concepción pragmática de la acción política sorteó la trampa de quienes, en la derecha, desdeñan la importancia de la solidaridad, e insisten en pregonar que el goteo económico saciará nuestra sed de justicia social. Pero también evitó los desvaríos de una izquierda retrógrada que aún sigue considerando el crecimiento económico como un enemigo de las sociedades igualitarias. Por esto, al hablar del partido que él fundó, indicó con meridiana claridad que "a diferencia de otros grupos que se interesan meramente por la justicia social, unos con sinceridad y otros por demagogia, el movimiento nuestro endereza sus esfuerzos hacia el enriquecimiento del país, como única solución verdadera del problema del ingreso bajo".

Sorteó también la trampa del falso nacionalismo. Siempre comprendió que el nacionalismo no radica en huir del mundo, sino en buscarlo sin temores para proyectar lo mejor de nuestra nacionalidad, y que las verdaderas afrentas a la soberanía de la patria no vienen del comercio internacional sino del hambre, de la ignorancia y de la corrupción.

En una América Latina en la que el populismo nacionalista alza de nuevo su cabeza, resuena poderosa la voz de don Pepe cuando nos advierte sobre el peligro de que un "nacionalismo negativo, destructivo, fundado en los celos, fundado en la lucha de clases, venga a echar por tierra todo este acervo cultural de nuestro tiempo, acumulado por la humanidad en largos siglos, y vuelva el mundo a la barbarie… Ese es el peligro de un nacionalismo basado en la envidia y en no querer seguir los buenos caminos que han conducido a los pueblos más felices a la situación que hoy se encuentran".

Costa Rica necesita de la visión de don Pepe, de una visión que trascienda las fronteras de nuestro territorio y de nuestras mentes. Costa Rica ocupa ver más allá de sus narices, más allá de las paredes que la encierran en su tiempo y en su espacio. En esto he insistido incansablemente: no avanzaremos como país si no entendemos que la historia es nuestro bagaje pero no nuestra estación, y que en esta larga travesía humana, no caminamos solos.

No deseo para don Pepe la gran paradoja de los héroes, que no haciendo en su vida más que reformar, sirven luego de excusa para el estancamiento. No deseo para la memoria de don José Figueres, ni para Costa Rica, la suerte de Funes el Memorioso, aquel hermoso personaje de Borges, que de tanto recordar, era incapaz de pensar.

Por el contrario, la gran pregunta que debemos contestar, es la de cómo ser, hoy, dignos herederos de la obra que nos dejara sin terminar este gran arquitecto de la patria. Sería muy pretencioso de mi parte decirles que tengo la respuesta infalible a esa pregunta, pero sí sé que si hemos de encontrarla debemos desprendernos, como lo haría don Pepe, del miedo a cambiar y de los prejuicios que nublan nuestro entendimiento.

Si hemos de encontrar esa respuesta debemos abrazar, en una nueva época, los ideales de don Pepe, pero abrazarlos no con consignas, sino con acciones.

Por eso, a todos los costarricenses y a todas las fuerzas políticas y sociales del país, les propongo que hagamos hoy un verdadero tributo a don Pepe, un homenaje que vaya más allá de las palabras y los gestos.

Les propongo que luchemos sin cuartel contra la pobreza y la desigualdad, que volvamos a hacer de la expansión de las oportunidades humanas el hilo conductor de nuestra aventura histórica, que nos convenzamos de que quienes disfrutan de lo superfluo tienen la obligación de contribuir al bienestar económico de quienes carecen de lo esencial. Por ello, les propongo que impulsemos cuanto antes una reforma tributaria progresiva e integral, que obligue a los dueños de mansiones a poner un techo sobre los habitantes de tugurios y a los grandes empresarios, a volver la vista a la miseria que los rodea.

Les propongo que hagamos de la nuestra una sociedad más segura y cada vez más convencida de que la paz se encuentra mejor resguardada en las manos de nuestros policías que en los rifles de los soldados. Por ello, les propongo que no le neguemos a nuestra Fuerza Pública los recursos tributarios que le permitirían tener más personal, más entrenamiento y mejores equipos para combatir la delincuencia.

Les propongo que emprendamos una cruzada de largo alcance para recuperar la educación pública y que admitamos, como lo dijera don Pepe, que "el país nunca podrá realizar una reforma social sobre bases de ignorancia". Por ello, les propongo que hagamos realidad una reforma a la Constitución Política para aumentar el gasto en educación a un 8% del Producto Interno Bruto y que apoyemos con todos los recursos necesarios al programa Avancemos, un sistema de transferencias condicionadas a las familias de los estudiantes más pobres, que les permite permanecer en el colegio en lugar de verse obligados a trabajar para contribuir con los ingresos del hogar.

Les propongo que pongamos en marcha un esfuerzo nacional para recuperar nuestra infraestructura, un esfuerzo impostergable para hacer más competitivos a nuestros productores y para integrar a la modernidad a cientos de comunidades aisladas por los malos caminos. La aprobación inmediata de las reformas a la Ley de Concesión de Obra Pública es un instrumento indispensable en esta tarea.

Les propongo que devolvamos a Costa Rica su papel protagónico en el concierto internacional, su lugar como potencia moral en un mundo convulso.

Les propongo que, como país sin ejército, convoquemos al mundo y, en especial, a los países industrializados, para que entre todos demos vida al Consenso de Costa Rica (ver discurso Un futuro a la altura de nuestros sueños, 19/9/2006). Asimismo, les pido que apoyemos los esfuerzos del Gobierno para que las Naciones Unidas aprueben, cuando antes, el Tratado sobre la Transferencia de Armas (ver discurso Un futuro a la altura de nuestros sueños, 19/9/2006).

Les propongo que defendamos la convicción de que los cambios sociales deben propiciarse gradualmente, sin extremismos y en paz, y de que las únicas armas legítimas para resolver los conflictos, en Costa Rica o en el mundo, son las de la razón, el diálogo y la democracia. Por ello, a todas las fuerzas políticas y sociales del país les pido que rechacen todo llamado a la violencia y a la intolerancia, y que, aun en los temas que más nos dividen, sepan respetar el mandato de los órganos constitucionalmente electos para tomar decisiones, un mandato derivado del sufragio de nuestro pueblo.

Poner en marcha cada uno de estos cursos de acción es, sin duda, el mejor homenaje que podemos dar al comandante sabio que silenció las armas y empuñó el derecho. Juntar nuestras voluntades para vencer la atonía, la parálisis y la mala fe es el honor que debemos al hombre que un día, al abolir el ejército, le dio a todas las generaciones posteriores de costarricenses su primer día como hombres y mujeres de paz.

Hemos venido a decirles a los caminantes de todas las generaciones y de todas las ideologías que, hoy hace exactamente 100 años, en San Ramón de Alajuela, nació un caminante de la historia, un hombre excepcional que, con su pensamiento, con su palabra y con su acción, alentó las esperanzas de su gente y abrió el camino del futuro.

Hoy hemos venido a decirle al mundo que hace 100 años nació don José Figueres Ferrer, ex Presidente de Costa Rica y líder de su pueblo.

Nuestros soldados en los campos de batalla del siglo XXI

Ricardo Carballo Villalobos

Crecer rodeado de militares no es nada agradable. Es de esas experiencias que estoy seguro nadie me envidia. Tal vez una de las más grandes y principales desventajas de residir en otro país que aún invierta en fusiles y tanques de guerra.

Ese es uno de los pocos no gratos recuerdos que guardo de mis años viviendo en Guatemala, donde aún es muy común ver a los uniformados desfilando por las calles o apretujados en el cajón de un pick up con sus trajes de fatiga, rostros pintados y sus armas de grueso calibre al hombro, rumbo a alguna misión especial.

Aunque afortunadamente nunca estuve involucrado ni me tocó presenciar algún hecho de violencia en el que ellos fueran protagonistas, con solo saber que existen, cual fuerza omnipresente, no deja de generar cierta inquietud y temor entre quienes nos preciamos de nuestra tradicional vena pacifista.

Por eso, cuando me tocó regresar a Costa Rica, a principios del año 2000, de todo lo que dejé atrás –familia, amigos, lugares de ensueño e inolvidables anécdotas- lo que menos extrañé fueron a los honorables miembros de las Fuerzas Armadas de Guatemala, siempre dispuestos a servir con lealtad, tal y como reza su lema institucional.

Verme entonces de vuelta en un país libre de soldados y cuarteles, donde el único edificio que se le parece es hoy un museo que resguarda parte importante de nuestro patrimonio natural y cultural, fue un verdadero motivo de alivio y orgullo patrio.

Dicen que nadie sabe lo que tiene hasta que lo pierde. En mi caso, fue al revés. Bastó tener ejército otra vez para saber la importancia de haber perdido el nuestro hace más de 70 años. No fue sino hasta retornar a mi tierra, después de un lustro viviendo en un país militarizado –celebran el Día del Ejército cada 30 de junio-, que valoré realmente el significado de haber nacido en un país que borró del paisaje cotidiano cualquier vestigio desestabilizador de poder castrense.

¡Y en buena hora que lo hicimos! Me atrevería a decir que es una de las decisiones más trascendentales y visionarias de nuestra historia democrática. Detrás de aquel mazazo que, con convicción y valentía, propinó el 1 de diciembre de 1948, el entonces Presidente de la Junta Fundadora de la Segunda República, José Figueres Ferrer, había algo más que un acto meramente simbólico.

En definitiva, robándole la frase a Neil Armstrong, fue un pequeño golpe para un hombre, pero un gran golpe de autoridad para un país entero. A partir de ese momento de destrucción –de la pared del cuartel Bellavista- se empezó a construir otra obra, la más grande de todas: las bases de lo que sería piedra angular de nuestra identidad de país amante de la libertad, la paz y el Estado de Derecho. Le gritamos al mundo que no hacen falta soldados para defendernos. Que basta con invertir en educación, salud, ambiente e infraestructura para blindar nuestra soberanía de cualquier influjo o amenaza extranjera. Que las mejores armas para el progreso de una nación es un pueblo educado y culto, baluarte de la coexistencia pacífica y civilizada.

A los más jóvenes –entre los que aún me incluyo- puede que nos cueste dimensionar lo que la abolición del Ejército representa. A lo sumo lo referenciamos de algún libro de historia, artículo o documental, pero lo cierto es que nosotros somos producto precisamente de esa visionaria y estratégica decisión.

Gracias a ella nuestras madres nos parieron con la tranquilidad de que nunca iban a tener que despedir a un hijo para verlo regresar lisiado o en un ataúd. Que creceríamos con libros y no con fusiles bajo el brazo. Y que desfilaríamos por las calles, no con trajes verde olivo, sino luciendo los colores patrios para honrar nuestras libertades al ritmo de alegres ritmos musicales y no como parte de un ostentoso espectáculo marcial al estilo soviético o chino.

De no haber sido porque muchos tuvimos el privilegio de asistir a un centro educativo y no a una academia militar es que hoy podemos labrarnos con esfuerzo y dedicación un mejor futuro, ajenos a la obligación de tener que rifarnos el pellejo en un campo minado.

Los campos de las nuevas batallas del siglo XXI son otros: los de la ciencia, la cultura, el deporte, el arte y muchas otras áreas en las que hemos demostrado nuestro poderío, empuñando las armas del conocimiento, la investigación, el trabajo en equipo, la capacidad técnica y profesional de nuestra gente…

Sin ir muy lejos, así ha quedado de manifiesto en la gestión de la pandemia. ¿Quién se habría imaginado que una decisión tomada a mediados del siglo pasado podría tener una repercusión tan alta en pleno 2020? Pues sí, como toda decisión visionaria, rinde valiosos frutos en el largo plazo y la historia se encarga de colocarla en perspectiva.

Hoy, 72 años después, en medio de uno de los mayores retos que enfrentaremos en nuestras vidas, hemos alcanzado logros que difícilmente habrían sido posibles sin las políticas de inversión social a las que apostamos a mediados del siglo pasado.

Sin la abolición del Ejército, no tendríamos un pelotón de soldados de gabacha blanca que, desde sus laboratorios, desarrollan proyectos pioneros en el mundo para el combate de la covid-19. Ni tampoco al regimiento de médicos, enfermeros, técnicos y auxiliares que, armados con mascarillas, guantes y un inagotable sentido de solidaridad y amor al prójimo, integran la primera línea de combate contra el virus, el más letal de los enemigos que ni siquiera los SEALS han podido vencer.

O donde, si bien ha costado llegar a acuerdos, al menos, los que se han tomado, son producto de la sana concertación y negociación, lejos de cualquier asomo de fuerza, violencia y matonismo.

Estos son solo algunos ejemplos prácticos recientes del impacto y alcance de una medida que es razón de orgullo, respeto y admiración para cualquier costarricense que honra y defiende su vocación cultural pacifista. Me atrevería a decir que, junto al "pura vida", es de nuestras mejores cartas de presentación dentro y fuera de nuestras fronteras.

Somos un referente mundial, con la propiedad y autoridad moral, para dar el ejemplo en materia de desmilitarización y muchos otros temas relevantes —cambio climático, descarbonización, turismo sostenible, etc.- que ocupan un lugar prioritario en la agenda de los más connotados foros internacionales.

Sirva este primer feriado del aniversario por el Día de la Abolición del Ejército para reflexionar sobre el significado real y valioso de ser un país orgullosamente libre de militares en un mundo que, enfrascado en una nueva y peligrosa carrera armamentista, parece estar empecinado en caminar en la dirección contraria.

¿Estaremos a tiempo de contribuir a evitar un desenlace fatal insospechado?

Un tributo de gratitud a don Pepe

Rodrigo Madrigal Montealegre

El 1º de diciembre es un día especial para nuestra democracia. La abolición del ejército es un hecho que ningún costarricense debe ignorar y menos desvalorizar por cualquier posición ideológica o simpatía partidista. La obra de José Figueres Ferrer es la de un estadista universal, por ello nuestro reconocimiento y oportuna razón para compartir con ustedes un artículo publicado años atrás pero con la vigencia de hoy.

R.M.M.

Al tratar de evaluar el papel histórico de José Figueres, nos afloró involuntaria e irreflexivamente una de esas frases lapidarias que resumen toda una verdad: *"Cuando un sabio señala a lo lejos una estrella, los torpes atinan a mirar el dedo."*

Pocos países han tenido el privilegio de contar con un estadista que – con tanta sabiduría, no sólo señaló el sendero acertado, el camino que se ha de recorrer – sino también se haya entregado a construir su destino. Pocos hombres le han dado tanto a su patria, aportando ideas, actos y obras, con pletórica generosidad e ingenio. Sólo un hombre que reúna simultáneamente las condiciones de pensador, visionario, idealista y los mejores atributos de un auténtico hombre de Estado, puede ser capaz de vislumbrar un horizonte tan vasto y un norte tan certero. Fui, según la ocasión, soldado de su tropa siendo yo casi un niño, admirador suyo cuando reconocí su sabiduría, su crítico tenaz cuando detesté sus errores y ahora que ha partido, sigo siendo su viejo partidario que lo despido con un profundo sentimiento de gratitud y una triste sensación de orfandad en la patria.

A este Don Quijote le debemos el rescate de nuestra libertad y la restitución de una democracia en escombros. Con temeridad y gran valentía embistió –con lanza en ristre y en singular combate, como el ingenioso hidalgo– los molinos de viento en los que se trituraba la Constitución, los derechos humanos y las libertades más sagradas de este país. Esta es nuestra primera deuda de gratitud hacia este hombre tan generoso.

Su segundo mérito consistió en consolidar esa democracia reconquistada, institucionalizando un sistema de sufragio que garantizaba para siempre la libertad electoral, a la vez que abolía las fuerzas armadas para evitar que el poder castrense pudiera pisotear y avasallar nuevamente a nuestras instituciones republicanas y para que se erradicaran las prácticas viciadas de adulterar y atropellar la voluntad popular.

A este Sancho Panza le reconocemos el mérito, a su vez, de haber sido el arquitecto genial y el creador de esta sociedad que tanto nos enorgullece a todos. Gracias a él se erigió la estructura de un Estado moderno que no sólo garantizara las conquistas sociales de sus adversarios, sino que sirviera igualmente para promover el desarrollo pleno y equilibrado, el acceso a la prosperidad de vastos sectores sociales, la democratización de la economía gracias al sistema bancario nacional y la oportunidad para miles de jóvenes de superarse gracias a la educación que promovió. Gracias a este noble escudero de causas generosas, se expandió una prodigiosa clase media, pletórica de profesionales, empresarios, agricultores e intelectuales, que tanto han contribuido a promover el desarrollo y a consolidar la democracia de este país. Gracias al modelo que él concibió, prosperó el agricultor de menores recursos, se alimentó mejor a la infancia y se protegió más al desvalido. Gracias a su gran proyecto, se diversificó la economía, se promovió un vasto proceso de industrialización que, a su vez, impulsó un gran movimiento de urbanización moderna.

Solo las mentes viciosamente mezquinas pueden regatearle a este prodigioso estadista sus enormes méritos y detenerse a contemplar sus pequeños errores y sus insignificantes debilidades que, en cierto modo, lo engrandecen aún más, porque demuestran que era humano, excesivamente humano. Pero son muchos los pueblos que envidian a esta nación que engendró a un hombre que supo transformar cuarteles en museos, trocar armas en herramientas y convertir recursos bélicos en represas hidráulicas, carreteras, hospitales y centros de enseñanza. Gracias a su ejemplo, a su memoria y a su lucha contra las dictaduras, germinó ese apego por la paz que tanto ha contribuido a combatir la intolerancia ciega, el dogmatismo maniqueísta y el guerrerismo vandálico que amenazaba con devastar y ensangrentar a toda esta región pobre y marginada.

Omito señalarle los errores que cometió, porque ya lo hice cuando vivía, sin ambages ni concesiones, pero siempre de buena fe. Pero quienes lo combatieron torpe y ciegamente, deben reconocerle un mérito muy noble que deberían admirar e imitar: respetó, consolidó y garantizo la obra positiva de sus adversarios. Después de todo, no es muy sensato contemplar solamente el índice cuando un sabio señala el horizonte.

¡Gracias, don Pepe, y adiós!

El Ejército costarricense y su disolución

Vladimir de la Cruz

El elemento militar ha sido un componente del desarrollo histórico costarricense desde la colonia.

Lo militar de la nación, o del Estado costarricense, no es sólo lo referente a las milicias antiguas, al Ejército del siglo XIX y siglo XX, su organización y los militares, como tales. También abarca aspectos relacionados con la legislación de policía de villas y pueblos, los sistemas represivos, los distintos conflictos político-militares como los golpes de estado, las rebeliones de los cuarteles, la suspensión de las garantías individuales o de la Constitución Política misma, el papel social, económico y político que los militares desempeñaron en la vida social e institucional costarricense.

En el caso de Costa Rica, en parte por la lejanía de la Capitanía General, donde las estructuras político-militares del gobierno español estaban más desarrolladas y asentadas, la estructuración de las milicias coloniales y su papel en el control de las colonias eran más débiles. Sin embargo, el último Gobernador colonial, Juan Manuel de Cañas, tenía grado de coronel. Había sargentos mayores y otros funcionarios de rango militar.

Desde la conquista a la Independencia España protegió sus territorios, y lo hizo con sus cuerpos militares, las milicias, directamente con los conquistadores y colonizadores o con los encomenderos

Cuando sobrevino la Independencia quienes la impulsaron y declararon en Costa Rica calificaron al Gobernador colonial como déspota, de procederes autoritarios, opresor, con lo cual se evidencia el carácter militar dominante que él ejercía al finalizar la colonia.

En los días de los movimientos inconformistas en Centroamérica, entre 1808 y 1821, de protesta contra las autoridades coloniales y de lucha por la independencia en América, en el territorio costarricense no se estructuraron movimientos armados ni militares anticoloniales, porque no hubo necesidad de derrotar una fuerza militar, un ejército colonial existente. Donde hubo ejércitos coloniales que derrotar se articularon fuerzas militares y ejércitos liberadores. Eso no quiere decir que en Costa Rica no había un contingente de milicias al servicio del orden colonial español. Se calcula que en Costa Rica pudo haber habido cerca de 1000 personas enlistadas en las milicias, lo que no era poca gente en ese momento.

Las milicias en la Colonia se regularon en su etapa final desde las Reformas Borbónicas, en 1780. España lo hizo en función de mejorar la defensa de sus territorios. Otros reinos europeos estaban proyectados en el continente y había situaciones difíciles con algunos de ellos, en relación a los piratas, corsarios y bucaneros que se movían en función de esos intereses monárquicos. Además las contradicciones entre criollos y peninsulares, entre productores y autoridades coloniales empezaban a florecer. Insurrecciones en el continente de indígenas y enfrentamientos sociales fueron parte de esta problemática que España quería atender y prevenir.

Tampoco, al momento de la Independencia, se dio la estructuración de un Ejército que tuviera que salvaguardar la Independencia misma de una posible agresión extranjera, con motivo de la recuperación de los territorios perdidos o, luchar por ella como expresión militar del movimiento político que condujo a la Independencia. Ni hubo necesidad de desarrollar las mismas milicias con ese propósito. El carácter de la forma como se produjo la Independencia hizo que las milicias existentes, en los diferentes pueblos, se ubicaran en torno a quienes tomaron la decisión de la Independencia. La Independencia no opacó la necesidad de defender el territorio y la población y exigir, igualmente, cuidar y controlar el territorio, tanto de sus enemigos externos, como internos, así como de defender el nuevo concepto de Soberanía que empezaba a surgir. De allí que no son casuales los nuevos esfuerzos de legislación militar y de educación militar que en el período independiente se impulsan.

Para el caso de la Capitanía General de Guatemala las Reformas Borbónicas tuvieron su impacto, sobre todo porque ya se habían introducido cambios relacionados con el modelo de milicias que operaba en Cuba desde 1762 y las reformas que sufrieron en 1768.

España aumentó sus tropas o milicias en sus virreinatos.

Al inicio del desarrollo republicano se mantuvieron, por el contrario, los mismos patrones de organización militar que ya existían durante la administración colonial española: milicias ciudadanas a cargo de los ayuntamientos, tanto en su alistamiento como en su organización. Esto fue un carácter importante de su organización debido a que el proceso emancipador no condujo inmediatamente a un Estado centralista. Por el contrario los localismos siguieron funcionando, y ellos sus milicias locales, como lo fueron en Matina, San José, Cartago, Heredia y Alajuela. El caso de Matina porque desde el desarrollo de las actividades monopólicas del cacao y la introducción de negros, como esclavos, hubo necesidad de desarrollar el Fuerte de Matina. Muchas instalaciones militares surgieron y desarrollaron en función de ejercer control de mano de obra extractiva, productiva, de mano de obra esclava, de emplazamientos de trabajadores para su mejor control, como se llegó a hacer cuando se desarrollan las explotaciones mineras en los Montes de los Aguacates, con Guarniciones militares, o en la región de Abangares, al finalizar el siglo XIX, que se llevan establecimientos militares a la región.

En época independiente se empezaron a regular, por reglamentos, los cuerpos de milicias o militares, con herencia en los reglamentos españoles.

Al constituirse la República Federal de Centroamérica, de la que fuimos parte, se constituyó el Ejército Federal, al que tuvimos que contribuir con gastos y con hombres. Pero, también, al interior de los Estados de la República Federal, como lo fue costa Rica, se desarrollaron cuerpos milicianos y militares propios. De allí el Reglamento de Organización Militar de 1826, que nos relacionaba con las autoridades militares federales. La República sí constituyó un Ejército permanente.

En 1828 se hizo otro Reglamento, que produjo una reorganización de las milicias.

Durante este período, el Gobiernos de Juan Mora Fernández, educador, se estableció una primera limitación a los militares que estaban surgiendo. Se estableció desde 1828 la eliminación del Fuero Militar para aquellos que cometieran delitos comunes, los subordinaron a los alcaldes y le impusieron la autoridad civil a los cuerpos milicianos o militares. Este es un rasgo importante en el desarrollo posterior de la institucionalidad estatal y democrática nacional.

Con motivo de la Incorporación del Partido de Nicoya a Costa Rica cobró mayor importancia lo de los cuerpos de milicias y de fuerzas armadas, en razón de que Nicaragua por vario años mantuvo la reivindicación de este territorio, cuya legitimidad de anexión se resolvió en los organismos competentes de la República Federal, aunque en Costa Rica se percibía un peligro latente de posible enfrentamiento armado con Nicaragua por esa situación.

Los primeros gobiernos, los de las Juntas, desde 1821 hasta 1823, muestran una débil organización estatal que no alcanzó la estructuración formal de los tres poderes del Estado. Menos, podía estructurarse una unidad militar como parte de la organización del Estado. Ni siquiera los conflictos político-económicos, locales iniciales, configuraron la estructura militar del Ejército. Tampoco se dio esto durante todo el período de la luchas, hasta el establecimiento de la capitalidad en San José, situación que pudo haber desarrollado el militarismo regional y sus jefes o caudillos militares; ni provocaron el desarrollo de contingentes militares las tendencias anexionistas e imperialistas y republicanas cuando se discutía la anexión al Imperio Mexicano o a Colombia.

El Pacto de Concordia, en cierto modo, neutralizó la estructuración de cuerpos militares cuando dispuso la posibilidad de adherirse a otro Estado, sobre todo porque Agustín de Iturbide había enviado a Centroamérica un Ejército protector para velar por la unión de estas provincias a su imperio. Esta situación fue aprobada en reunión por los ayuntamientos de San José, Cartago, Alajuela y Heredia. Esta desde el principio mantuvo una posición de incorporación plena. Quienes pensaron en unirse a Colombia, como alternativa, no articularon ninguna fuerza militar con capacidad de impulsar tal movimiento.

Con la toma del cuartel de Cartago, el 29 de marzo de 1823, que dio origen a la llamada Primera Guerra Civil, o el Combate de las Lagunas, también llamado el Combate de Ochomogo, se produjo una repartición de armas para defender la anexión al Imperio Mexicano. En este suceso se nombró Comandante General de las Armas, a don Joaquín de Oreamuno.

En las ciudades de San José y Alajuela, igualmente, tomaron el camino de las armas, con sus milicias ciudadanas, para la defensa de las ideas republicanas. Aquí se distinguió Gregorio José Ramírez, quien mereció el título de "Restaurador de nuestra Independencia". El contingente armado de Gregorio José Ramírez tuvo su oficialidad: Coronel Cayetano de la Cerda, Teniente Coronel Antonio Pinto. Cartago tenía los propios. Heredia también se sumó en armas, del lado de Cartago. Trataron de tomar Alajuela, cuya plaza tenía un cañón, y cuyo Alcalde Primero capituló, lo cual permitió que los heredianos procedieran al saqueo. Finalmente, Gregorio José Ramírez encabezó el movimiento que obligó a los heredianos a deponer las armas y la capital se trasladó a San José.

Con la incorporación de Costa Rica a la República Federal de Centroamérica se participó del Ejército Federal aunque, por parte de Costa Rica, de modo muy raquítico. Este, con poca originalidad, se distinguía de la estructura militar española y facilitó las disputas internas por el control de la Federación. Con ello se produjo una débil defensa de los intereses centroamericanos o locales frente a las agresiones inglesas y la disputa por la costa atlántica centroamericana.

Por su parte, las pretensiones de España sobre Centroamérica se prolongaron durante la década del veinte, lo cual obligó a tomar medidas precautorias en cuanto a quienes podían participar del Ejército Federal, que todavía tomaba en cuenta personas que se habían formado en el campo de las armas desde las milicias coloniales. Por ello se le impidió tanto a españoles naturalizados, como a militares del viejo régimen, a pesar de que algunos se desempeñaron como oficiales y llegó a constituirse el Ejército Federal de veteranos.

En Costa Rica con el levantamiento militar, de José Zamora, en enero de 1826, se procuró restaurar la dominación española al tomar el cuartel de Alajuela. Zamora fue fusilado por orden del Jefe de Estado Juan Mora Fernández. Costa Rica envió 213 milicianos al Ejército Federal, en junio de este mismo año. Un año más tarde esta División regresó con honores ganados en luchas en favor de la Federación, tanto en Guatemala como en El Salvador.

Con la incorporación al Ejército Federal se crearon las bases para ir desarrollando, poco a poco, la estructura militar costarricense, la del Ejército del Estado de Costa Rica.

La Anexión del Partido de Nicoya a Costa Rica, en 1824, no provocó la necesidad de desarrollar frente a Nicaragua un contingente armado fuerte, a pesar de que las pretensiones de recuperación de este territorio, por parte de Nicaragua, impulsó a movilizar, en diversas ocasiones, los ejércitos de ambas naciones, pero sí de no abandonar las armas que se tenían.

Esa discusión, la de la Anexión, más que en el terreno militar Costa Rica la libraba en los organismos político jurídicos de la República Federal donde nos daban la razón a nosotros y a los nicoyanos de su incorporación al territorio nacional. Pero, no dejaba de ser una permanente amenaza de conflicto militar.

En 1833, con motivo de la elección de José Rafael Gallegos Alvarado como del Jefe de Estado, se volvieron a enfrentar las ciudades de San José y Alajuela contra Heredia y Cartago. Esta situación, en marzo de 1835.

En 1834, con el Reglamento militar de este año se mejoró el reclutamiento, la organización de las compañías, que se estimaban de 1000 hombres cada una, y su distribución territorial. Importante fue que en el Reglamento, como parte del control civil que se estaba ejerciendo sobre la institución militar naciente, se eliminó el cargo de Comandante General pasando al Jefe de Estado el control del Poder de las Armas. Se reforzó nuevamente el control civil sobre lo militar. Se dijo claramente que la tropa estaba sometida al control civil, y se estableció además que los juicios militares se sometían a confirmación de la Corte Suprema de Justicia, subordinando la jurisdicción militar al Poder Judicial, en este aspecto.

Por su parte, por el régimen municipal que se desarrollaba, y por los localismos que representaban, y su propia capacidad económica, eran las municipalidades, en esa época, las que asumían la tarea de construir los cuarteles.

Igualmente, se prohibió desde 1834 que los militares pudieran participar en puestos de elección públicos en el Poder Estatal central, o en el poder municipal.

En 1935 las fuerzas militares del gobierno se estima que eran débiles y sólo había un cuartel en San José que el gobierno no tenía capacidad de movilizar en su favor, en la crisis que se produjo en ese momento.

"La derogación de la famosa Ley de la Ambulancia disponía que la capital del Estado estaría sucesivamente, y por un tiempo determinado, en las cuatro ciudades principales del Estado; establecimiento de la capital en el Llano del Murciélago, hoy San Juan de Tibás, lo que equivalía reforzar la supremacía de la ciudad de San José sobre las otras ciudades; la supresión de la contribución del diezmo, que fue reemplazada por otra directa sobre toda propiedad de o mayor de diez manzanas (esta fue una ley de la corta administración de don Manuel Fernández) y, finalmente, la supresión de varios días de fiesta religiosa", fueron las causas, en setiembre de 1835, de la llamada Segunda Guerra Civil o Guerra de la Liga: Cartago, Heredia y Alajuela coaligadas contra San José. Cartago movilizó 1300 hombres, Alajuela y Heredia 3000.

La defensa de San José estuvo a cargo del Teniente Coronel Antonio Pinto y del Sargento Mayor Manuel Quijano. Finalmente, San José sometió a Cartago y fue fusilado su Comandante de Plaza, Francisco Roldán. En su huída, los cartagineses dejaron la Virgen de los Angeles abandonada en Curridabat. En diciembre de 1835, Manuel Quijano conspiró contra el Gobierno, fue capturado, degradado y desterrado del país.

En el Gobierno de Braulio Carrillo, 1835, el ejército adquirió mayor fisonomía, al organizarse, bajo la forma de seis Batallones, con el Secretario de Guerra y el Comandante General como sus superiores inmediatos.

En el segundo semestre de 1836 volvió a Guanacaste, con poco éxito insurreccional.

En marzo de 1836, don Braulio Carrillo dimitió de la Jefatura de Estado. En mayo, el Gobierno de la República de Nueva Granada, la actual Colombia, reivindicó Bocas del Toro como territorio de su dominio invadiendo, incluso, el territorio costarricense. El poder militar de Costa Rica era insuficiente para enfrentar al ejército colombiano y la Federación tampoco pudo ayudar.

En agosto de 1837 se intentó reinstalar en el Gobierno a Braulio Carrillo, derrocando al Jefe de Estado, Manuel Aguilar. Los conspiradores fueron capturados y desterrados. Unos meses más tarde, en mayo, Manuel Aguilar fue derrocado por los habitantes de San Juan de Tibás. Estos veían perdida la posibilidad de que San Juan del Murciélago, llegara a ser capital por la derogatoria que había realizado Carrillo de la llamada Ley de la Ambulancia, mediante la cual se fijó en este lugar la capital. Fueron los militares josefinos quienes realizaron el movimiento, encabezados por el capitán José Manuel Quirós con 25 "oficiales, sargentos y soldados del ejército…", como se señala en el acta revolucionaria de ese movimiento.

Para esta época ya era costumbre realizar paradas militares en la Plaza del Cuartel, situación que se aprovechó para reinstalar en el gobierno, en mayo de 1838, a Carrillo. Carrillo asumió el poder y rompió con la Federación.

Nuevas conspiraciones contra Carrillo produjeron expulsiones del territorio nacional y algunos fusilamientos.

Durante la administración de Braulio Carrillo cuando se reorganizó el cuerpo militar nacional. Con Braulio Carrillo podemos afirmar surge el Ejército. La misma visión de unidad jurídica con la cual impulsó el Código General y la estructuración del Estado, le permitió valorar la necesidad de concentrar el poder militar, sobre todo por las experiencias militares y los conflictos internos que le había tocado vivir.

El Código de Carrillo abolió las Ordenanzas militares que venían desde Carlos III, en el siglo XVIII.

Así procedió a disolver las milicias ciudadanas y le restó fuerza a las municipalidades. En su lugar, creó las Juntas de Orden Público en las principales ciudades y, en San José, creó dos batallones integrados por cuatro compañías. También estimuló a los militares con ciertos privilegios, entre otras cosas les mejoró el salario y adquirió parque, armas y municiones. También reorganizó la policía.

Con Carrillo se impulsó un nuevo concepto de Ejército.

En 1841, con motivo de las pretensiones inglesas sobre la Mosquitia, Braulio Carrillo tuvo que enviar una Guarnición a Moín. Se estableció como una práctica la ronda policial y en el cuadrante de la ciudad se llegaron a señalar las llamadas "calle de la ronda".

La llegada de Francisco Morazán a Costa Rica, en 1842, provocó una nueva situación en la problemática militar. Su Ejército extranjero se asoció con las tropas nacionales, que comandadas por un extranjero, valoraron los ideales de la reconstrucción federal.

El Ejército de Morazán, con unos 500 hombres, desembarcó en puerto Caldera. Las fuerzas militares de Carrillo se dispusieron así: 300 hombres en La Garita del Río Grande y 400 hombres bajo el mando del Brigadier Vicente Villaseñor. Este, salvadoreño, traicionó al gobierno al pactar con Morazán, en el sitio de El Jocote, cerca de Alajuela. Así Carrillo salió desterrado del país. Un mes más tarde se realizó una conspiración militar, en la cual se tomó el cuartel de Heredia.

La presencia de Morazán en el Gobierno indispuso a los gobiernos centroamericanos con Costa Rica, donde veían una amenaza, al extremo que Guatemala declaró a Costa Rica su enemigo y, El Salvador, Honduras y Nicaragua rompieron las relaciones existentes.

La Asamblea Constituyente del 20 de julio de 1842 facultó a Morazán para que ejecutara su campaña unionista. En agosto, frente a una conspiración, ordenó fusilar a Manuel Ángel Molina y a José María Guerrero. Un mes más tarde, el 11 de setiembre, se inició un movimiento popular contra Morazán y culminó cuatro días después, cuando, el 15, Morazán fue fusilado junto con Villaseñor. En estos sucesos se llegaron a movilizar casi 2000 personas en armas. Con Morazán el Ejército se fortaleció.

En junio de 1846, las guarniciones militares de San José, Cartago, Alajuela y Heredia proclamaron como Jefe Provisorio de Estado a José María Alfaro, provocando la segunda caída de José Rafael Gallegos.

En setiembre de 1847, con motivo de un intento de golpe contra el Dr. José María Castro Madriz, éste dispuso que solo debería haber un depósito general de armas del Gobierno en el Cuartel de San José. A pesar de esta medida se dejó una pequeña cantidad en las provincias. Más tarde se concentró también el Depósito de la Pólvora.

Hacia 1843 el Ejército Nacional estaba más consolidado, tanto por los Batallones en las ciudades, como por la salida que se hizo de la República Federal.

En 1848, debido a las pretensiones nicaragüenses sobre Guanacaste, de que Costa Rica tuviese derechos sobre el río San Juan y se propusiese construir un camino hacia San Juan del Norte, se agravó la situación con Nicaragua.

En 1848 existían en el ejército 500 militares, con su respectiva oficialidad y aproximadamente 5000 milicianos.

En 1849, cayó el Gobierno del Dr. José María Castro Madriz. Estas relaciones se volvieron a agravar en 1854, por iguales motivos.

Ya, bajo del gobierno de Juan Rafael Mora Porras, se fortalece, nuevamente, el control civil sobre lo militar. Se declara que las Fuerzas Armadas son obedientes y no deliberativas. Se fortalecen con dos cuarteles de San José. El Ejército pasó a legitimar el Estado, a brindarle lealtad al Poder Central. En los gobiernos de Mora el Ejército de nuevo se fortaleció.

En la estructura militar y del Ejército que se venía formando no surgieron, ni se dieron las condiciones, para que aparecieran caudillos militares. Dentro de la estructura militar no había una fuerza militar profesional desarrollada y consolidada. El Poder Ejecutivo tenía la facultad de otorgar los ascensos militares.

La fuerza militar que se fue dando en el país no era autónoma del Poder Político ni de la estructura estatal central, aún cuando desde 1838 hasta 1870, el Ejército tiene un peso en la vida nacional que se hace sentir.

Para esta época la teoría de la guerra logró gran desarrollo en Europa, así como se habían hecho adelantos notables en el arte militar y en la técnica de producción de armamentos.

En 1850, el 15 de abril, el Presidente Juan Rafael Mora Porras estableció un nuevo cuartel en San José que se denominó La Artillería. Aquí se concentraron también todos los cañones existentes excepto uno, que quedó en el cuartel Principal junto con 500 fusiles.

El Presidente Mora, también, restableció contingentes militares en Alajuela y Heredia y reorganizó el Ejército. A partir de este momento se asocia el poder de los militares y la existencia del Ejército con la defensa y apoyo de los intereses del Gobierno.

De hecho, constitucionalmente, ya se había establecido control de los poderes del Estado sobre el aparato militar y de mayor incidencia del Poder Ejecutivo en el Ejército. Esto se expresa mejor en la facultad del Congreso de otorgar los grados militares superiores, dejándole al Poder Ejecutivo el otorgamiento de los restantes.

La preocupación principal del Presidente Mora Porras quizá fue la de que Nicaragua era una amenaza constante contra Costa Rica, por motivo de su lucha por recuperar el Partido de Nicoya, que podía ocasionar un conflicto militar y había que estar preparado para ello. Por eso fortaleció el aparato militar, luego justificado por el enfrentamiento que hubo que realizar contra los filibusteros norteamericanos, cuando se hicieron presentes en Centroamérica, invadieron Costa Rica y hubo que movilizarse a expulsarlos de Nicaragua.

Parte de esta reorganización fue la traída al país del militar polaco, en 1852-1853, de Fernando von Salisch, para servir de instructor de alta preparación de las fuerzas militares y para ello se creó una Academia Militar.

Fue durante el período de la Guerra Nacional que el Ejército alcanzó su mayor dimensión. En 1855, el presupuesto del Ejército era equivalente casi al 20% del presupuesto nacional y, el armamento de las tropas para la guerra se gestionó en Europa, principalmente en Inglaterra.

Hacia 1856, el Ejército que se constituyó para la gran Guerra Nacional se compuso de 9000 hombres debidamente armados, situación que se financió con un empréstito de cien mil pesos, favorecido por el buen estado de la economía nacional durante estos años.

El ingreso de Costa Rica a la guerra en Nicaragua modificó el panorama político, económico y social. La constitución del Ejército, por su masividad popular le imprimió un carácter nacional y libertador, con un alto grado moral.

La guerra contra los filibusteros era de carácter prolongado. Había que movilizar tropas y así se hizo. Ello obligó a una gran organización de reclutamiento, de avituallamiento y asegurar la comida de los combatientes, así como el financiamiento de la guerra. La Guerra contó con la autorización del Congreso, y el apoyo de la Iglesia Católica. Hubo necesidad de centralizar más el aparato militar para ir a la Guerra y de reestructurar los Batallones. En tiempo de guerra el Ejército debía aumentarse en hombres y en gastos, en tiempos de paz, se tenía claro que el Ejército se debía disminuir.

Es importante destacar, con motivo de la guerra y del Ejército Nacional, que en marzo de 1856, circuló el Boletín del Ejército, editado en la imprenta del Ejército Expedicionario, por el Cuartel General en marcha, con sede en Liberia. En uno de sus ejemplares, se publicó la Proclama del Presidente Mora, en inglés, francés y alemán referida al fusilamiento de todo aquel filibustero que fuere aprehendido con armas. El período de la guerra hizo aparecer dos periódicos más: El Álbum Semanal, también denominado "Weekly Album", que publicó una de sus cuatro hojas en inglés y, "La Gaceta Alemana de San José", por medio de la cual la colonia alemana, radicada en la ciudad, le ofreció "colaboración en la guerra contra los filibusteros", al Presidente Mora, lo cual él agradeció.

"El Boletín del Ejército" se inscribía, por simbólico que hubiese sido, en la mejor tradición bolivariana, de llevar la prensa y las propias imprentas al campo de batalla. Bolívar consideraba la imprenta "tan útil como los pertrechos". En este sentido la imprenta del Ejército Expedicionario sumaba al combate de las armas, el de las ideas: "la guerra de opinión" que llamaba Bolívar, que debía producir sus efectos entre los enemigos. Por ello y por las diversas nacionalidades de los filibusteros, en el Boletín del Ejército, se escribió en varios idiomas distintos los comunicados de guerra. Así, también la Prensa del Ejército pasó a desempeñar un papel importante en la defensa de la libertad, la independencia y la soberanía nacional.

Como resultado de la guerra de 1856-1857 la institución del Ejército se robusteció, no solo en su organización interior sino también en su inserción institucional dentro del aparato del Estado, debidamente regulada.

También, surgieron en la conciencia popular y nacional héroes de batallas y héroes nacionales. De algunos mártires, sus gestas y batallas se inmortalizaron y se reconocieron ampliamente, no sólo en el territorio costarricense sino también en el centroamericano. Así, especialmente se reconoció a Juan Rafael Mora, a José María Cañas y a Juan Santamaría, éste último no por sus dotes militares sino por el acto de sacrificio y lo simbólico popular que su figura representa: el pueblo en la escena histórica, como actor.

También se fortalecieron los símbolos nacionales: la Bandera y el Pabellón Nacional, la Música del Himno Nacional y las marchas militares que se desarrollaron al calor de los días de combates, las cuales regresaron entonando las tropas, como la Marcha Santa Rosa.

Pocos meses más tarde, terminada la guerra, "el 14 de agosto de 1859, el Coronel Lorenzo Salazar, comandante del Cuartel de Artillería y, el Mayor Máximo Blanco, del Cuartel Principal, desconocieron el gobierno de don Juan Rafael Mora".

El 19 de agosto fueron embarcados al exilio el Presidente Juan Rafael Mora, el General Cañas y otras personas. Se inició, luego, un movimiento en favor de Mora, y en diciembre se dijo que regresaría a Puntarenas, lo que dio lugar a una concentración de sus amigos y a un intento de recuperar el poder.

En enero de 1860, con cierto apoyo en algunas comunidades, Juan Rafael Mora llamó a las armas contra José María Montealegre. Los sucesos se prolongaron. Una nueva visita de Mora al país y su captura hicieron que le realizaran un juicio sumarísimo y se le condenara junto con Arancibia al fusilamiento, el que se llevó a cabo el 30 de setiembre de 1860. El 2 de octubre fue fusilado el General José María Cañas. "La más triste y sangrienta página de la Historia de Costa Rica: el fusilamiento de los próceres Mora y Cañas", se había escrito, según lo refiere el profesor Rafael Obregón Loría.

Los Generales Blanco y Salazar fueron los conductores fácticos del país después de 1859, por los siguientes diez años, lo que produjo cierta estabilidad política.

El 10 de diciembre de 1868 el Ministro de Guerra, Dr. Eusebio Figueroa, dispuso que todas las tropas y cuarteles quedaban adscritos a ese Ministerio, siendo el Secretario del Despacho el Comandante General, lo que obligó a la renuncia de Lorenzo Salazar.

En abril de 1869 Máximo Blanco presentó también su renuncia. A su caída se reorganizaron las comandancias del Cuartel Principal, del Cuartel de Artillería, y las Comandancias de Alajuela y de Cartago.

La conducción del Ministerio de Guerra en manos de don Eusebio Figueroa, en cierto modo, restituyó el control del Poder Militar por el Poder Político y más expresamente el control de lo militar por lo civil. Es hasta 1870 que el General Tomás Guardia reorganiza modernamente el Ejército al promulgar el primer Código Militar.

La crisis político-militar

Desde 1821 hasta 1871 hubo una verdadera crisis político institucional y militar en el país, que se expresó en gran cantidad de conflictos político militares, alrededor de 50 de diverso tipo, en una enorme cantidad de Constituciones Políticas, en esos primeros años, 11 Constituciones, levantamientos de cuarteles, enfrentamientos de ciudades, invasiones extranjeras, intentos de golpes de estado etc.

En correspondencia con el alto grado de Constituciones y el desarrollo de las estructuras militares, no es casual, durante el breve período de estos primeros cincuenta años, que se diera una aguda situación en el ejercicio del mando político. Ello se manifestó en esa gran cantidad de conflictos, crisis y conmociones político-militares así como en la suspensión o violación, de la Constitución Política respectiva.

Al respecto, en 1851, el Lic. Mauro Aguilar Cueto, en artículo publicado el 22 de noviembre en La Gaceta, manifestó: " ...desde Aguilar hasta Castro, buenos o malos, con opinión o sin ella, todos los que han tenido a su cargo los destinos de Costa Rica, todos han sido víctimas de ese maldito espíritu que se ha complacido en derribar a los que han contado sólo con el pueblo y a los que han fijado en el militarismo su esperanza de salvación. Amigos, enemigos e indiferentes, todos han tenido que sufrir el militar".

Respecto de estos incidentes militares, ha señalado el Profesor Rafael Obregón Loría, "muy pocas veces el pueblo participó" ...

Durante estos años faltaron dos elementos importantes vinculados a la actividad militar: la falta de participación de amplios sectores sociales o de masas populares, asociadas a estos conflictos, y la falta de organización institucional.

En todos los conflictos surgidos se pueden apreciar los siguientes núcleos causales: interés personal, interés y temor de grupos políticos existentes por la realización de ciertas reformas socioeconómicas, institucionales o políticas, conflictos entre militares, conflictos como resultado de procesos electorales, continuismo en el poder o el gobierno, coalición civil-militar. No se aprecian como causas importantes o significativas conflictos de los poderes públicos, principalmente entre el Poder Legislativo y el Ejecutivo, o entre el Congreso y el Presidente, ni por ascensos en el régimen militar aunque sí en la dimensión política, ni como resultado de una creciente violencia civil que hubiese de enfrentar desde el poder central.

No se aprecia tampoco en la diversidad de conflictos político-militares, de este período, una práctica del golpe de estado. En este sentido quizá influyó la circunstancia que en la estructura política de esta época existía una agregación de intereses, un municipalismo real, y que no se habían desarrollado aún los partidos políticos ni cierto caudillismo político ni militar regional, del mismo modo que la dinámica económica de la sociedad costarricense tampoco definía aún la estructura política, ni un consolidado sistema de clases sociales.

En cierto modo en cada uno de estos conflictos hubo consenso, poca diferenciación sustantiva de intereses en su ejecución política y cierta homogenización cultural de sus protagonistas. A pesar de la cantidad de conflictos político-militares, los militares, de distinto modo, estuvieron bajo control de la democratización progresiva de la sociedad costarricense y de las instituciones públicas, aún bajo el período de gran influencia de los Generales Máximo Blanco y Lorenzo Salazar.

Esta situación refleja que Costa Rica no estuvo marginada de la realidad latinoamericana, donde lo militar era en cierto modo rutina. Por otra parte, no podría afirmarse que tales movimientos eran apolíticos en tanto la sociedad costarricense estaba en proceso acelerado de formación de la sociedad civil y política y de su Estado Nacional.

Otro elemento distintivo de esta situación es que no puede atribuirse globalmente al conflicto político militar de esta época un pleno carácter conservador. Predominó estructuralmente un marco liberal que impregnó todo el curso de la sociedad costarricense desde la Independencia misma, lo que se expresa finamente en el desarrollo constitucionalista que tuvo el país en ese período.

El profesionalismo de los cuerpos militares que se logró con la creación del Ejército Nacional, durante la Guerra Patria y su estructuración ulterior, después de 1870, fue la consecuencia inevitable del surgimiento de las milicias y de los diversos cuerpos regulares que existieron, en lo militar y policial, así como de la presencia de militares extranjeros destacados en la formación de oficiales y en el asesoramiento circunstancial que realizaron.

Las fuerzas armadas reflejaron la naturaleza de los gobiernos civiles de estos años, proceso que más se acentuó durante la Guerra Nacional.

Paradójicamente su papel en esta guerra no sobrevaloró la institución militar en el sistema del poder político, más que circunstancialmente durante los años de la década 1859-1869, por la presencia hegemónica de los generales Blanco y Salazar en la esfera política, mas no así con el ascenso del General Tomás Guardia Gutiérrez, en 1870, quien a su vez frena la plena incorporación al control de la vida política por parte de los militares, como a su vez eliminó cualquier eventual competencia por controlar la institución militar desde fuera de lo político institucional.

El reformismo civil que se instaurará a partir de este momento termina liquidando un potencial papel reformista atribuible al Ejército como institución. Por otra parte la fortaleza política de los grupos sociales en el poder también le liquida, a los militares, el papel de sustituirlos como clase social y política dirigente, la cual se ha venido formando aceleradamente.

Estructural y administrativamente las Juntas Gubernativas atendieron lo militar. La Primera estableció la Sección Militar y de Hacienda; la Segunda especializó ésta en Sección o Comisión Militar.

De conformidad al Segundo Estatuto Político de 1823 del Presidente de la Junta dependía la Sección o Comisión Militar, a cuyo frente estaba un Comandante General de Armas.

Con la organización federal que se estableció para cada uno de los Estados que formaron parte de la Federación, se creó la Fuerza Armada dependiente del Jefe de Estado. Con la Constitución de 1844 se creó el Ministerio de Hacienda y Guerra.

Con la Constitución de 1847 se creó el Ministerio de Hacienda, Educación Pública, Guerra y Marina, con un Jefe de Sección a cargo de cada rama. Esta Secretaría se mantuvo en la Constitución Política de 1859 y con la Constitución Política de 1869 se creó la Secretaría de Estado en el Despacho de Gobernación, Guerra, Justicia, Fomento y Marina.

Con el Presidente Jesús Jiménez se fortaleció de nuevo el control civil sobre los militares y el Ejército, al tiempo que impulsaba la Ley General de enseñanza haciendo obligatoria, gratuita y costeada por el Estado la enseñanza primaria.

De los movimientos militares, del ejército y su disolución

La experiencia militar acumulada hasta 1870 implicó la divulgación y el desarrollo de cierta literatura sobre la milicia y el arte de la guerra. Desde 1840 se fueron reimprimiendo por disposición del gobierno libros, manuelas, textos relacionados con instrucción militar, de Lecciones sobre el arte de la guerra, se procuraba «inspirar a las clases educadas de la sociedad en el gusto por los estudios militares…", sobre el "Arte militar", de la estrategia, de la concepción del plan de campaña, incluso se llega a hacer un análisis estratégico de la primera y segunda campañas de la guerra de 1856.

En 1869, existían como emplazamientos militares el Cuartel Principal, el Cuartel de Artillería, la Comandancia de Alajuela y la Comandancia de Cartago. A finales de este año se intentó dar un golpe de estado desde el cuartel de Alajuela en favor de Francisco Montealegre, sin ningún resultado.

La conspiración para derrocar al presidente don Jesús Jiménez se mantuvo, para lo cual se encargó al coronel Tomás Guardia Gutiérrez.

A partir de 1870 se inició una nueva etapa en la vida institucional del país. Importante papel desempeñó a partir de ese momento hasta 1889 don Tomás Guardia Gutiérrez; don Bernardo Soto y don Próspero Fernández, todos con rango militar.

El 8 de agosto de 1870 inauguró sus sesiones la Asamblea Constituyente, día en que el presidente provisorio don Bruno Carranza presentó su dimisión; lo sucedió el general Tomás Guardia Gutiérrez, como Presidente Provisorio, nombrado por esa asamblea. El 10 de octubre con apoyo de las provincias disolvió la asamblea.

En noviembre intentaron realizar golpes de estado con Guardia sin éxito. Guardia se vio precisado a armar el país, especialmente por las dificultades tenidas por revolucionarios centroamericanos que habían salido desde Costa Rica. Según Mercedes Muñoz el número de integrantes del Ejército de Operaciones en 1870 era de 34.000 hombres.

En l871 se promulgó el Código Militar que se complementó con la Ley de Organización del Ejército, con ésta se estableció una institución compuesta de tres secciones: ejército de operaciones, de reserva y la guardia nacional. En el primero estaban los que obligadamente prestaban servicio militar y que comprendía personas entre los 18 y 30 años; en la segunda los que tenían entre 30 y 45 años y excombatientes de la guerra nacional del 56 y de experiencia militar, y en la tercera los hombres menores de 55 años. Para la organización del Ejército se contrataron militares europeos y se adquirió armamento.

A partir de entonces el Ejército desempeñó un papel significativo en el mantenimiento del poder, mas no decisivo en la definición del origen del poder.

El sometimiento de lo militar por lo civil logrado en 1869 no impidió los conflictos y contradicciones políticas que procuraron resolverse militarmente en el interior del ámbito civil.

Sin embargo, no son sustantivamente los militares los que conspiraron desde el poder militar o desde los cuarteles hacia el civil, aunque a partir de este período se apreciaron más militares conspirando hacia el poder político, pero fuera de las guarniciones o comandancias. La circunstancia de que el propio presidente Guardia fuera militar y Jefe del Ejército acentuó esta situación y en cierto modo el control de lo militar por el gobierno civil. Hasta entonces ningún gobernante había reunido en sí mismo la autoridad de ambos poderes, como lo hizo Guardia. Por otra parte, en sus dos primeros años de gobierno, Guardia ascendió a 149 militares desde subteniente, hasta general, algunos de ellos directamente vinculados con su movimiento militar.

En la Constitución Política de 1871 en su Art. 22 se estableció contundentemente que la fuerza militar está supeditad al Poder Civil, que es pasiva, que jamás puede o debe deliberar. Los grados militares los seguía otorgando el Presidente.

Esta Constitución llegó prácticamente hasta el 8 de mayo de 1948, exceptuando el breve período de vigencia de la Constitución de 1917 hasta 1919.

En setiembre de 1873 los milicianos de la provincia de San José sumaban 3 000 hombres.

En 1874 se estima que el ejército de operaciones había logrado preparar cerca de 14 000 hombres, según refiere Mercedes Muñoz, con obligatoriedad del servicio militar de unos 3 000 por año, y afirma que dicha preparación ofrece «garantía y respetabilidad en el exterior y orden y tranquilidad en el interior».

En mayo de 1875 el presupuesto de la Secretaría de Guerra y Marina significaba el 37,4% del nacional mientras que el de Instrucción Pública apenas recibía un 8,4%, según afirma Roger Fallas. Esta notable diferencia porcentual no era contradictoria con el desenvolvimiento nacional en tanto educación y militarismo no eran excluyentes y aún no se desarrollaba con fuerza el proceso educativo; por el contrario, la milicia implicaba cierto grado de instrucción.

En 1875 existían los siguientes cuarteles: el Principal, el Presidencial, el de Artillería, las comandancias de Plaza de Cartago, Heredia, Alajuela y Liberia.

En 1878, preparándose para la guerra con Guatemala, el gobierno compró en San Francisco de California un barco de guerra, que denominó Irazú, pertrechado con cañones.

A finales de 1879 compró Guardia dos barcos más: en enero de 1880 fueron bautizados con los nombres de Alajuela, y Heredia. Para este momento también se contaba con el pailebot Liberia. Esto constituía la flota de guerra nacional. Con motivo de esta situación se llegó a crear en la estructura del ejército el grado de almirantazgo de marina. Según datos oficiales «el ejército de operaciones constaba de dieciocho mil soldados y que la reserva la formaban diez mil hombres».

El autoritarismo militar durante el período de Guardia se expresó en el aumento constante del presupuesto de la cartera de Guerra y Marina, el papel especial que en lo político desempeñaba la

Comisión Permanente del Congreso, la mano dura contra los enemigos políticos; la promulgación de códigos, disposiciones e instituciones militares que dieron al ejército profesionalidad.

En 1882 el contingente militar de San José ascendía a 5 543 personas de las cuales poco más del 80% eran soldados y el resto poseía algún grado de oficial, entre los cuales había cuatro generales de división y cuatro de brigada.

El 21 de enero de 1884 se aprobó por la Comisión Permanente del Congreso el Código militar para el ejército de la República de Costa Rica, que organiza al Ejército en una fuerza pública donde se define la composición, carácter, objeto y división de la fuerza pública y el Ejército; se clasifican las armas y se establecen los cuerpos, medios cuerpos, compañías sueltas, columnas y brigadas, divisiones, ejércitos, estados mayores, cuerpo de ingenieros y armamento. El número de efectivos militares era de 25 666 hombres. Igual que el Código de 1871 estableció obligatorio el servicio militar, con una edad de ingreso de 18 años. Con el Código de 1884 se creó la Inspección General del Ejército, de nombramiento del general en jefe.

La formación e instrucción del ejército se daba en la Academia Militar.

Con motivo del decreto del 6 de marzo de 1885, del presidente de Guatemala, general Justo Rufino Barrios, que proclamaba la Unión de Centroamérica en una sola república y asumía la jefatura militar de la región, el gobierno dispuso hacer la guerra a Guatemala. Nicaragua y El Salvador se opusieron a Guatemala.

El «Reglamento Orgánico de la Escuela Militar», fue decretado el 29 de setiembre de 1886. Este año se trasladó el régimen de pensiones de guerra de los militares de la Secretaría de Guerra a la de Hacienda. También llegó a aumentarse a 10 020 efectivos la fuerza militar de San José, en sus distintas ramas.

La existencia de la Escuela Militar no fue casualidad cuando en este mismo período se produce la gran reforma educativa. Por ello, acertadamente, Astrid Fischel indicó que los aparatos militar y educativo «no fueron mecanismos sociales excluyentes durante las primeras décadas de la experiencia de la reforma educativa. Si bien la educación creció y se desarrolló notablemente en el período 1885-1919, es también cierto que el ejército no se debilitó en el mismo período».

La escuela reforzó la institucionalidad y la instrucción militar. Dice Mercedes Muñoz que «en la Ley General de Educación de 1886, quedó fijado que entre el 'mínimun' de instrucción obligatoria para los varones de primaria debía incluirse el conocimiento de ejercicios y evoluciones militares sencillas». El servicio militar obligatorio se mantenía con un potencial disponible este año de poco más de 40 000 hombres, con unos 26 000 en el ejército de operaciones.

En 1886 se enviaron a los Estados Unidos varios militares a especializarse en arreglo, mantenimiento y fabricación de armamento.

En 1889 se contrató al general Aristides Romain, de origen belga, como especialista en artillería, para la asesoría militar, al tiempo que se iniciaba un proceso de preparación de oficiales nacionales en el extranjero.

Como resultado de estos acontecimientos desde 1890 hasta 1902 políticamente se desempeñaron gobiernos autoritarios y surgieron los partidos políticos. Estos ayudaron a compensar la lucha por el poder y fortalecieron la salida política como alternativa al conflicto y contradicción inter oligárquica, aunque agudizó luchas en el escenario civil desde donde se pretendió tomar ocasionalmente el poder político.

El 22 de diciembre de 1897 se aprobó una nueva Ley de Organización General del Ejército de la República de Costa Rica

El 14 de enero de 1898 se emitió el Código de justicia militar de la República de Costa Rica. Con éste se organizaron y se establecieron las atribuciones de los tribunales militares; se reguló la competencia de la jurisdicción de Guerra en materia criminal y civil y respecto a los tribunales de justicia.

Este mismo año se publicó la Ordenanza para el ejército de la República de Costa Rica.

En mayo de 1902, luego que había sido reconocido como presidente electo Ascensión Esquivel, los cuarteles de San José, el Principal, la Comandancia de Plaza y el de Artillería se levantaron. Entre los insurrectos estaban Federico Tinoco Granados. En apariencia el intento de golpe tenía como propósito impedir la llegada de Ascensión Esquivel. El movimiento fue controlado y amnistiados los comprometidos en él. Probablemente por este movimiento miliar se le eliminó a Escudo Nacional los dos cañones, como símbolo militar, que tenía en su base.

Durante la administración de Alfredo González Flores, se impulsó por parte de los Estados Unidos, en América Latina, la modernización de los ejércitos, muchos de los cuales venían desde los mismos días de la independencia. Con tal propósito se impulsaba la creación de las llamadas guardia nacionales y guardias civiles en sustitución de estos ejércitos. En Costa Rica, don Alfredo González, recién iniciado su gobierno, se opuso a la creación de una guardia civil, alternativa a la institucionalidad militar existente, que se ubicaba dentro de la tendencia modernizante de estas estructuras. A pesar de ello la inversión en educación durante este gobierno fue 29,9 veces menor que lo que se destinó para material de seguridad nacional en la cartera de Guerra y Marina.

El 27 de enero de 1917 el ministro de Guerra, Federico Tinoco, se sublevó en el Cuartel Principal de San José. Este fue el único movimiento gestado en la propia institución militar con éxito que desde 1870 se realizó contra el poder político, pero además el único en el cual los principales jefes del aparato militar actúan desde el poder para tomar más poder.

Junio de 1919 fue un mes de profundas y extensas protestas contra el régimen. A la lucha militar se sumó la lucha política y las movilizaciones en la capital y otras ciudades y pueblos.

Como resultado de la acción anti tinoquista el Ejército se debilitó y desprestigió como institución militar y tendieron a fortalecerse más las estructuras policiales. El hecho de que en la Constituyente de 1917 no se aprobara la pena de muerte fue también un triunfo de la conciencia civilista sobre la militarista.

A partir de 1921 empezó a destinarse más recursos del presupuesto nacional a Educación y Fomento, que a la cartera de Guerra y Marina.

Este año autoridades panameñas se establecieron en el territorio nacional, en la región de Coto, quienes cometían distintos tipos de atropellos contra la población costarricense.

El resultado final de esta situación, de la Guerra de Coto, fue el cambio de nombre al Ministerio de Guerra y Marina en 1923, por el de Seguridad Pública.

Durante este período 1936 y 1948 se acentuó más la diferencia presupuestaria entre Educación y Seguridad.

Es interesante observar que aún ni durante el período de la II Guerra Mundial y a pesar de la declaración de guerra a Japón, Italia, y Alemania, en diciembre de 1941, se incrementaron sustantivamente los gastos y partidas en la Cartera de Seguridad.

Con motivo de esta situación se tomaron medidas especiales, «inspiradas todas ellas por el gobierno de los Estados Unidos, el cual, prácticamente tomó el control de todos nuestros asuntos relacionados con el estado de guerra», según refiere don Rafael Obregón Loría. Ellas fueron: el establecimiento de un campo de concentración en San José, al cual llevaron ciudadanos alemanes, italianos y japoneses; deportación de algunos de éstos a campos de concentración en Estados Unidos; posesión por parte del gobierno del Club Alemán, que fue convertido en campo de concentración para mujeres; establecimiento de una misión militar norteamericana en Costa Rica «para cuyo mantenimiento el gobierno contribuiría con una suma anual», establecimiento de una escuadrilla de aviones del ejército estadounidense, que se instaló en el aeropuerto de La Sabana; se decretó la censura de la correspondencia, las líneas telegráficas y radiotelegráficas; la confiscación de bienes de las personas pertenecientes a los países a los cuales Costa Rica les había declarado la guerra, los que se entregaron a una junta de custodia; se creó la Junta de Defensa Civil; se requisaron los barcos Eisenach, alemán y el Fella, italiano, que estaban en Puntarenas, para lo cual se movilizaron tropas. En 1942, el 15 de mayo, el gobierno rompió sus relaciones diplomáticas con Rumania y Hungría que se solidarizaron con el eje nazifascista.

En 1944 la Secretaría de Seguridad Pública estaba compuesta de la siguiente manera: secretario de Estado, general René Picado Michalski; subsecretario, coronel Daniel Gallegos; oficial mayor Rogelio Granados. La Sección del Ejército Nacional que en su Estado Mayor se componía por el cirujano mayor, Dr. Edwin Zamora, el auditor de guerra, Gregorio Martín, el capellán, Monseñor Ricardo Zúñiga, el juez instructor militar, Armando Soto Montoya. La Comandancia en Jefe y Casa Militar con el coronel Joaquín Lizano, secretario y Jefe de ésta con 47 empleados subalternos; el Registro e Instrucción Militar con 7 funcionarios; la Intendencia Militar con 10 funcionarios; el Cuartel Buena Vista con el coronel Raúl Zeledón de comandante y 145 empleados auxiliares; la Sección de Policía Nacional con el coronel Donato Iglesias y cinco empleados subalternos; el Cuartel de Policía Militar con el coronel Aníbal Morales A., con 736 empleados auxiliares; el Asilo de las Mercedes tenía un sargento y nueve policías; la Dirección General de Detectives, con el coronel Alfonso Sáenz, de director; la Dirección General de Tránsito, con el coronel Sigifredo Campos P. de director; la policía de Alajuela con el comandante de plaza y primero de policía, coronel Humberto Soto G. y 74 empleados subalternos más el destacamento de refuerzo en la planta de Tacares. La policía de Cartago con el coronel R. E. Alvarado de comandante de plaza y primero de policía y 66 empleados subalternos; la policía de Heredia con el coronel Franklin Zeledón de comandante de plaza y primero de policía y 64 empleados subalternos; la policía de Guanacaste, en Liberia, con el coronel Guillermo Faerron, de comandante de Plaza y primero de policía y 50 empleados subalternos, policía de Puntarenas con el coronel Salvador Arauz, de comandante de plaza y primero de policía y 76 empleados subalternos, la Policía de Limón con el coronel Enrique Esquivel de comandante de plaza y primero de Policía con 62 empleados subalternos. La sección de Bandas Militares tenía de director general de Bandas al coronel Roberto Cantillano, al director de la Banda Militar, el coronel Julio Mata y 65 empleados subalternos. Las bandas de Alajuela, Cartago, Heredia, Liberia, Puntarenas, Limón estaban dirigidas por un músico con grado de teniente coronel, además la Escuela Militar de Música cuyo director era el mayor Rafael Solano. Se incluía dentro de la Secretaría, la Sección de Cárceles, con la Penitenciaría de San

José, el Presidio de San Lucas y las cárceles de Alajuela, Cartago, Heredia, Liberia, Puntarenas, Limón, San Ramón, Santa Cruz, Cañas y la de mujeres. Existía también una sección de marina y otra de aviación. Todo el personal de la Secretaría de Seguridad pasaba de los 3 000 hombres.

La situación política durante el gobierno de Teodoro Picado fue tensa, lo que provocó dos acontecimientos importantes, de carácter insurreccional: el llamado Almaticazo y la huelga de brazos caídos.

El primero se produjo el 24 de junio de 1946 cuando un grupo de personas, tomaron la radioemisora Alma Tica, con el propósito de pedir garantías electorales, a pesar de que el 1° de junio se había aprobado un código electoral. El segundo, se realizó en los últimos días de julio de 1947 cuando se paralizaron las actividades comerciales, industriales y de servicios de la ciudad de Cartago, con control de los grupos opositores, y luego el movimiento se extendió a San José. El objetivo era pedir garantías electorales; durante estos días de huelga, hasta el 2 de agosto, las autoridades militares cerraron las radioemisoras de la oposición y se produjeron distintos tipos de enfrentamientos, incluso armados, en la capital. El 3 de agosto se llegó a un arreglo en el cual se garantizaba por parte del gobierno que se entregaría el control de la fuerza pública a quien ganara las elecciones en febrero de 1948. Finalmente, con motivo de la nulidad del resultado presidencial de las elecciones estalló la llamada Guerra Civil de mediados de marzo a mediados de abril de 1948.

Estos últimos dos años la institución militar estaba sumamente debilitada, con deficiente armamento y pésima organización. Incluso en 1946 el gobierno había gestionado ante el de Estados Unidos cinco aviones, sin resultado, al igual que una solicitud en 1947 de adquisición de armamento automático; ni durante la guerra el Gobierno pudo conseguir armas. El ejército era una institución débil.

En 1947 los diputados Fernando Volio Sancho y Fernando Lara Bustamante propusieron eliminar el ejército suspendiendo partidas de armas del presupuesto nacional.

El ambiente electoral se tornó tenso. Disputaron la Presidencia Rafael Ángel Calderón Guardia y Otilio Ulate Blanco.

Con motivo de la tensión nacional en el gobierno de Teodoro Picado se había impulsado la creación del Código Electoral de 1946 y la constitución del Tribunal Nacional Electoral, para garantizar al país, y a la oposición que no habría fraude electoral en febrero de 1948.

La huelga de brazos caídos organizada contra el gobierno a finales de julio de 1947 permitió que la oposición asumiera el control del Tribunal Nacional Electoral.

El resultado de las elecciones favorable a Otilio Ulate, en la Presidencia, se pasó al Congreso, con un pronunciamiento del Tribunal que contenía un voto Salvado, que dio pie para que el Congreso no ratificara el triunfo de Ulate, motivo por el cual se produce el levantamiento militar impulsado por José Figueres, con el pretexto de garantizar el resultado electoral asegurar la pureza del sufragio y entregar la Presidencia a Otilio Ulate.

Del 12 de marzo al 17 de abril se llevaron a cabo enfrentamientos militares en todo el país. Figueres tenía contralada la situación y el territorio. Ya estaba en Cartago y se temía que el enfrentamiento por San José fuera sangriento. Ello condujo a un esfuerzo político que se materializó en las Conversaciones de Ochomogo del 17 de abril, y ratificadas en la Embajada de México el 19 de abril, que despejó el terreno para que Teodoro Picado dejara la Presidencia en su Designado Santos León Herrera, para terminar su gobierno constitucional y entregar el poder a Otilio Ulate. Figueres entra victorioso a San José el 27 de abril y el 1 de mayo le impone a Ulate el llamado Pacto Ulate Figueres con el cual se queda en el Gobierno por 18 meses, estableciendo la llamada Junta Fundadora de la Segunda República.

Al terminar la guerra civil prácticamente había dos ejércitos, el del Estado y el de Figueres.

Ya en diciembre de 1947, con motivo del Pacto del Caribe, Figueres había advertido de este movimiento insurreccional, de la instalación de la Junta Revolucionaria y de una nueva Constitución Política.

Al asumir Figueres no disolvió inmediatamente el Ejército institucional. El 8 de mayo al suspender la Constitución Política de 1871, que era la vigente, la que le daba sustento legal a la existencia del ejército, de hecho le liquidó su legitimidad, y en cierta forma, le eliminó, aunque en la realidad siguiera existiendo, pero ya débil.

El 25 de mayo de 1948 Figueres señaló que el Ejército era aún necesario y creó el Departamento de Defensa, dependiente del Ministerio de Seguridad que él había creado.

Durante el ejercicio de la Junta Fundadora de la Segunda República discutieron sobre la necesidad y oportunidad de mantener el ejército. Era una realidad que se proponían eliminarlo.

El 1 de diciembre de 1948 Junta Fundadora de la Segunda República tomó la decisión de entregar el Cuartel Bella Vista a la Universidad de Costa Rica para impulsar el Museo Nacional. En ese acto se señaló la importancia de fortalecer la educación, y se ha asociado ese acto, con la ceremonia oficial que se hizo, como la de disolución del Ejército, o la de su abolición.

En este acto hablaron además de José Figueres, Uladislao Gámez, Ministro de Educación y Edgar Cardona, Ministro de Seguridad, quien en el seno de la Junta Fundadora de la Segunda República, había hecho la propuesta de su abolición.

Cuando se produjo en diciembre de 1948 el Crimen del Codo del Diablo, ejecutado por efectivos militares de la Junta de Gobierno contra dirigentes comunistas presos en Limón, que sacados de la cárcel bajo el pretexto de trasladarlos a San José, fueron asesinados en un recodo del Río Reventazón, llamado el Codo del Diablo, a quienes ejecutaron este crimen, que fueron detenidos se les quiso juzgar por la Justicia Militar, lo que no se aprobó y fueron sometidos a Tribunales Judiciales ordinarios. Lamentablemente les facilitaron la fuga cuando fueron condenados a prisión. El acto de someterlos a Tribunales ordinarios fue otro evento por el cual se limitó la presencia militar en el país, y se impidió un Fuero Militar existente para la Fuerza Pública, en ese momento, 1948, todavía bajo fuerza de las armas de la Junta Fundadora de la Segunda República.

Pero, ¿realmente se abolió ese día?

La Junta Fundadora de la Segunda República, dispuso, el 11 de octubre de 1948 en la resolución N° 749 «suprimir el ejército como institución permanente, confiándose la defensa del orden y la seguridad interna a las fuerzas regulares de la Policía Nacional, hoy denominada Guardia Civil», después de considerar el estado desastroso en que se encontraba y en virtud de tener su propia fuerza militar.

El 25 de noviembre de 1948 Junta Fundadora de la Segunda República había aceptado la idea de abolir el ejército.

El 27 de noviembre inició la desmovilización de la Legión Caribe.

El 1 de diciembre en el acto de la entrega del Cuartel a la Universidad se afirmó: "La época de los cuarteles había quedado para la Historia. Inicia la época de las escuelas, colegios, universidades y museos"

El 13 de diciembre Junta Fundadora de la Segunda República, por Decreto Ley No. 302, crea la Tesorería del Ejército.

Cuando se integra la Asamblea Nacional Constituyente, el 3 de febrero de 1949, se hace el anuncio de querer abolir el ejercito, y así se propone en el Proyecto de Constitución Política que la Junta presenta a la Asamblea Nacional Constituyente, proyecto que le fue rechazado, pero sin lugar a dudas había quedado sembrada la semilla de la abolición en los constituyentes.

El 4 de julio de 1949 los diputados constituyentes Ricardo Esquivel Fernández, Juan Trejos Quirós y Enrique Montiel propusieron suprimir el Ejército, tema que se volvió a discutir el 18 de octubre y finalmente el 31 de octubre de 1949, la Asamblea nacional Constituyente aprobó el artículo constitucional que establecía la disolución o Abolición del ejército como institución permanente, confiando la defensa a la Policía nacional o Guardia civil.

Finalmente, el 7 de noviembre de 1949 se aprobó íntegramente la Constitución Política que estableció esta abolición

La proscripción del ejército se elevó a rango constitucional en 1949, en el artículo 12 de dicha carta que literalmente dice: «Se proscribe el Ejército como institución permanente. Para la vigilancia y conservación del orden público, habrá las fuerzas de policías necesarias. Sólo por convenio continental o para la defensa nacional podrán organizarse fuerzas militares; unas y otras estarán siempre subordinadas al poder civil; no podrán deliberar, ni hacer manifestaciones o declaraciones en forma individual o colectiva».

¿Con la abolición del ejército se acabó el militarismo?

Los cuerpos policiales que se formaron a partir de 1949 fueron entrenados en sus mandos superiores, durante las siguientes tres décadas, prácticamente, en las academias militares de los Estados Unidos ubicadas en la Zona del Canal, especialmente en Fort Gullick, una de las 16 instalaciones militares que allí había. La oficialidad de la Fuerza Pública se formaba en distintas disciplinas de carácter militar, incluso de guerrillas y contraguerrillas, en el contexto de la Guerra Fría en el Caribe y en el Continente. Durante esto años los gobiernos que alternaban en el ejercicio de la Presidencia de la República podían cambiar todos los mandos superiores de la Fuerza Pública, lo que hicieron, con lo cual constituyeron alrededor de sus partidos políticos, grupos de ciudadanos entrenados y preparados militarmente, que les permitió tener la oficialidad militar preparada para dirigir fuerzas de combate y de tipo militar, para cualquier situación. La adquisición de armamento par la Fuerza Pública siempre fue en estos años la necesaria y tan moderna como la que se usaba en escenarios de guerra en otras latitudes. La Guardia Civil fue entrenada en luchas antipopulares, de antimotines, de carácter represivo. Desarrollaron la Fuerza Pública dentro de la estrategia de vincularla a operaciones civiles de carácter humanitario, asistencialista, como parte de la estrategia que los Estados Unidos impulsaba para darle rostro humano a las fuerzas militares. La asesoría militar norteamericana nunca ha faltado en la preparación de la Fuerza Policial costarricense. Otros países a los que se enviaba a entrenar oficiales o cuerpos especiales de la Fuerza Publica han sido, entre otros, Israel Alemania Federal, antes de 1989, Corea del Sur, China Taiwan, Chile, bajo el gobierno de la Dictadura de Pinochet, Panamá, los propios Estados Unidos.

Durante años la Fuerza Pública del país estuvo segmentada en policías administrativas dependientes de diferentes Ministerios o instancias de Gobierno. Esto fue superado cuando se ha impulsado un Comando central unificado de todas la fuerzas policiales del país. En el Gobierno de Francisco Orlich, 1962-1966, se impulsó la Academia de Policía. Luego fue la Academia del Murciélago, en Guanacaste, usada en el escenario de la guerra centroamericana como campo militar extranjero, de los Estados Unidos, de la misma Agencia Central de Inteligencia, en sus operativos contra revolucionarios en la región. En el proceso electoral de 1986, el candidato presidencial Oscar Arias Sánchez le dio plazo a la Embajada Americana, para que en caso de que él ganara las elecciones, sus fuerzas militares establecidas en la región de Guanacaste y en la Base de El Murciélago debían abandonar el país, lo que se produjo el 7 de mayo de 1986, un día antes de asumir la Presidencia Oscar Arias.

En el gobierno de Oscar Arias Sánchez, 1986-1990, se declaró el 1 de diciembre como Día de la Abolición del Ejército, y en este Gobierno, bajo su impulso y el de su Ministro de Gobernación, Rolando Ramírez Paniagua, se le eliminó a la Fuerza Pública el uso de rangos militares de Ejército, en su estructura administrativo, en su escalafón y en sus uniformes, y símbolos de distinción.

Así, el 24 de julio de 1987, el Presidente Oscar Arias Sánchez y su ministro de Gobernación, Rolando Ramírez Paniagua, suprimió los rangos militares. De nuevo se restablecieron en el Gobierno de Rafael Ángel Calderón Fournier, 1994-1998 y nuevamente fueron suprimidos en el Gobierno de Miguel Ángel Rodríguez, 1998-2002.

Hay en la Fuerza Pública tendencias militaristas para su preparación, más que policiales, que siguen existiendo y siendo un peligro latente en esta dirección.

(Conferencia impartida por Vladimir de la Cruz, en el Club Unión, el jueves 5 de diciembre del 2019, organizada por la "Asociación Morista La Tertulia del 56" y el club Unión)

La Abolición del Ejército, la paz y la decadencia política

Walter Gutiérrez Picado

Al conmemorarse un aniversario más de la Abolición del Ejército en Costa Rica. Celebramos un hito histórico, que hemos pavoneado ante el mundo, como distintivo característico de nuestra democracia y avanzada cultura política. Cada quién podrá hacer valoraciones de ello, lo cierto es que ha sido parte del discurso oficial de nuestro país durante décadas el hecho de presentarnos al mundo como un auténtico ejemplo de civismo. Como hecho histórico, la Abolición del Ejército tendrá miles de valoraciones, pero como hecho político, es difícil negar el poderío de este acto.

Se le ha atribuido a la ausencia del ejército el hecho de que nuestro país no haya seguido los caminos de guerrilla y dolor que siguieron nuestros vecinos centroamericanos, en eso yo difiero en alguna medida, pero para no ser mezquino, se debe decir que fue una decisión acertada. Si algo se le debe reconocer a José Figueres Ferrer, es el hecho de hacer algo que a nuestros políticos actuales parece les aterra: tomar la decisión correcta en el momento correcto. La supresión de esta institución le permitió al país tener estabilidad en un ambiente convulso, irónicamente, promovido por quien luego le daría el mazazo al Cuartel de Bellavista.

Dicho esto, en mi opinión, la historia pacífica de nuestro país radica en los valores democráticos, republicanos y liberales que se forjaron gracias a generaciones de políticos con vocación para gobernar, por mencionar un par, un Cleto González Víquez o un Ricardo Jiménez Oreamuno. La historia de este país no inicia en 1948, pese a que el proyecto socialdemócrata casi logró borrar por completo el recuerdo del país que fuimos previo a la guerra civil.

A día de hoy, sin ejército, nuestro país permanece bajo el asedio a la institucionalidad democrática por parte de agitadores que se aprovechan de la parálisis política que sufre nuestro país. Una clase gobernante incapaz de tomar las decisiones correctas en el momento correcto, incluso si estas son obvias o, si bien, suponen lo mejor, no solo para el país, sino para la gobernabilidad. Esa parálisis le ha robado la paz a los costarricenses y ha evidenciado la decadencia política que padece nuestro país.

Al consultarme sobre este día haciéndome la pregunta sobre lo que significa este para un Millennial, debo confesar lo medité en demasía. No es un hecho al que me sienta particularmente cercano, quizá por mis opiniones y sentimientos a la figura de José Figueres Ferrer, sus gobiernos y su rol en la crisis del 48. Pero si algo pude concluir casi de inmediato, es que la ausencia de ejército no significa ausencia de conflictos. Y que, si queremos reivindicar nuestra cultura de civismo, bien haríamos en rescatar los valores republicanos y erradicar la decadencia política que nos sumerge en la mediocridad, la pobreza, el conflicto y la incertidumbre.

AUTORES:

- **Alonso Cunha Chavarría,** estudiante de Relaciones Internacionales de la Universidad Nacional y asistente en Redacción de La Revista.
- **Ana Victoria Badilla Villanueva,** Licenciada en Derecho por la Universidad de Costa Rica, Máster en Derecho Público
- **Bernal Arias Ramírez,** Doctor en Derecho por la Universidad Complutense de Madrid. Abogado y Politólogo.
- **Carlos Araya Guillén,** Educador, político y filósofo costarricense, ex dirigente del Partido Unidad Social Cristiana, ha sido Presidente Municipal, Diputado y Embajador.
- **Carlos Manuel Echeverría Esquivel,** Estudió Administración de Empresas en Babson College. Docente e investigador universitario. Exviceministro-subdirector de OFIPLAN. Ex Diplomático en El Salvador, en el SICA y actualmente Presidente en Consultora centroamericana S.A. Blog: carlosmanuelecheverriaprogresemos.com cmecheverría@yahoo.com
- **César Zúñiga Ramírez,** Politólogo, investigador, Asesor Legislativo y Profesor universitario – ICAP / UNED / Fidélitas. Autor de diversas publicaciones.
- **Daniel Baldizón-Chaverri,** Periodista, ex Asesor del Ministerio de Seguridad ex Asesor Legislativo y diplomático
- **Eduardo Carrillo Vargas,** Ph.D. Administración, Ex funcionario de la Universidad de Costa Rica y de organismos internacionales, consultor en materias de salud pública.
- **Francisco Flores Zúñiga,** Académico de Relaciones Internacionales, asesor parlamentario en Asamblea Legislativa.
- **Fraser Pirie Robson,** empresario, investigador y escritor, autor de varios libros que recopilan la historia de Costa Rica por medio de ilustración fotográfica.
- **Guillermo Villalobos Solé,** Politólogo, Investigador y docente. Ex Director de CEDAL, Consultor internacional. Cuenta con varias publicaciones

- **Gustavo Arroyo,** Graduado en Derecho con vasta experiencia en el campo jurídico, Asesor Legislativo.
- **Hámer Salazar**, Es biólogo y profesor jubilado de la Universidad de Costa Rica, autor de varias publicaciones.
- **Héctor Blanco González**, Abogado, exmagistrado suplente de la Sala Segunda.
- **Inés Revuelta Sánchez**, Académica de la Universidad Nacional. Ex Directora General del Teatro Nacional. Ex Directora Ejecutiva del Teatro Popular Melico Salazar. Estudió Arte, Educación y Administración
- **Jennifer Mendez,** Periodista con experiencia en el desarrollo de redes sociales y medios audiovisuales.
- **Jorge J. Porras,** Entusiasta del mercadeo, redes y escritor. Corresponsal de La Revista en El Salvador
- **Lilliana Sánchez Bolaños.,** Politóloga (Msc.), Investigadora, ex Asesora Legislativa y consultora independiente, autora de diversas publicaciones académicas.
- **Luis Paris Chaverri,** Exembajador, expresidente ejecutivo de Incopesca, empresario, columnista en medios de comunicación escrita.
- **Luko Hilje,** Estudio Biología en la UCR, y obtuvo el doctorado en Entomología en la Universidad de California, en el campus de Riverside (UCR), laboró en la Universidad Nacional (UNA) durante unos 15 años, y después 13 años en el Centro Agronómico Tropical de Investigación y Enseñanza (CATIE), del cual es Profesor Emérito. Además es autor de diversas publicaciones de corte histórico. objeto de sus trabajos de investigación.
- **Macarena Barahona Riera,** Catedrática en la Universidad de Costa Rica, investigadora de temas políticos-culturales, poetisa.
- **Marinela Córdoba Zamora,** Investigadora y politóloga. Miembro de la junta directiva de RECOPE
- **Oscar Aguilar Bulgarelli,** Catedrático universitario, historiador, escritor y político costarricense. Ejerció el cargo de diputado de la Asamblea Legislativa por la Coalición Unidad en el período 1982-1986.

- **Oscar Arias Sánchez,** Expresidente de la República en dos ocasiones, exdiputado, activista para los Derechos Humanos y la paz, Premio Nobel de la Paz en 1987. Fundador de la Fundación Arias para la Paz y el Progreso Humano. Autor de numerosos libros.
- **Ricardo Carballo Villalobos,** Periodista, codirector de La Revista, productor de programas en redes sociales.
- **Rodrigo Madrigal Montealegre,** El autor, tras estudios en Sciences-Po y el Instituto de América Latina, de la Universidad de París, fue cofundador y posteriormente profesor emérito de la Escuela de Ciencias Políticas en Costa Rica.
- **Vladimir de la Cruz,** Ex Decano Facultad Ciencias Sociales, Universidad Nacional Director Instituto de Estudios del Trabajo, Universidad Nacional. Director de Cátedra Historia de las Instituciones de Costa Rica, en UCR. Presidente y Directivo de la Editorial Costa Rica. Asesor Parlamentario Embajador ante el gobierno Bolivariano de Venezuela. Ha ganado los Premios Nacionales Aquileo J. Echeverría y Cleto González Víquez de la Academia de Geografía e historia de Costa Rica.
- **Walter Gutiérrez Picado,** Estudiante de Ciencias Políticas, Administración Aduanera y Comercio Exterior.

La Revista es una publicación digital independiente, que nace a fines del 2016 y que viene a crear un espacio para la publicación de opiniones, críticas, información y actualidad nacional e internacional.

Quienes escriben, lo hacen pensando responsablemente en las aflicciones de la democracia bajo sus condiciones actuales, al visionar al mismo tiempo; con sentido crítico y optimismo, el futuro de los más jóvenes.

La primera gran tarea entonces, al trazar la ruta por la que pretendemos transitar con La Revista, es que **la intención** de mejora sea simplemente diáfana, con la participación de muchas manos y distintas voces. No es tarde del todo para crear una nueva narrativa en nuestro entorno; adaptada a los tiempos y las circunstancias. Es cuestión de hacerlo y es cuestión de asumir responsabilidad.

La edición de publicaciones expande la labor editorial a otros ámbitos permitiendo a la audiencia acceder a obras individuales y colectivas.

San José, Costa Rica

www.larevista.cr
info@larevista